Consulting Akquise Hacks

Nie wieder ohne Beratungsprojekt

Christopher Schulz

1. Auflage

Impressum
Dr. Christopher Schulz
Paula-Hahn-Weinheimer-Weg 11
D-80997 München

Tag der Veröffentlichung
01.06.2023

Verantwortlich für den Inhalt
Dr. Christopher Schulz

Lektorat
Katy Sage

Foto Buchdeckel
Businessman pointing at graph with rising arrow #236067247 ©Trueffelpix Fotolia.com

Für meine Frau Katy.
Danke für die Unterstützung als Autor, Berater und Unternehmer.

Deine Consulting Akquise Hacks

Nie wieder ohne Beratungsprojekt

Du magst **Akquise** nicht? Lieferst als **Seniorberater, Freelance-Consultant** oder **Beratungsgründer** lieber exzellente Leistung ab. Herzlich Willkommen. Auch ich bevorzuge in der Beratung von Unternehmen die **Projektarbeit**.

Doch ohne **Akquise**, keine **Kunden**. Ohne Kunden, kein **Umsatz**. Und ohne Umsatz kein **Bestehen**. Um weiter am Markt helfen zu können, musst Du kontinuierlich **Bestandskunden** binden und **Neukunden** gewinnen.

Mit diesem kleinen **Akquisehelfer** verfolge ich ein Ziel: Ich möchte, dass Du für immer in **Beratungsprojekten** stehst. Du sollst auswählen können, ob Du ein **Mandat** annimmst. Entscheiden dürfen, welchem **Kunden** Du als nächstes mit Deiner Expertise begleitest.

Die Grundlage ist **beständige Akquise**. Nicht mittels großer Sales Strategien oder elaborierter Vertriebssysteme. Das hält auf und richtet den Blick nach innen, statt zum Kunden. Vielmehr möchte ich Dir **101 Consulting Akquise Hacks** mitgeben. Leichtgewichtige, pragmatische, und direkt umsetzbare Tipps, die in der **Beratungspraxis** wirklich funktionieren.

Alle Consulting Akquise Hacks habe ich meiner **15-jährigen Beratungskarriere** mehrfach verprobt, zunächst als angestellter Berater, heute als **Geschäftsführer** einer eigenen **Consulting Boutique**. Quelle der Hacks waren **Beraterkollegen, Business Partner, Fachbücher** sowie mein **Beraterleben**.

Positionierung, Marketing, Vertrieb oder **Bindung** – blättere einfach zu dem Kapitel, wo Deine Consulting Akquise einen Schub vertragen kann. Jeder Hack lässt sich unabhängig vom Rest des Buches nutzen. In Summe angewendet, solltest Du vor einer ähnlichen Situation wie ich heute stehen: Nie wieder ohne Beratungsprojekt.

Allseits lukrative Consulting Akquise wünscht Dir

Christopher

Positionieren

Kundenzielgruppe, Problem & Wertangebot

„Das Wesen der Strategie ist, zu entscheiden, was man nicht tut.“

- Michael E. Porter, US-amerikanischer Wirtschaftswissenschaftler

Akquise Hack #1: Kenne die Motive für Beratung

„Weshalb sollte ein Kunde externe Berater beauftragen? Immerhin bedeutet das erst einmal Mehraufwand gegenüber der Einbindung interner Kollegen." *Ich stehe am Flipchart und schaue in die Runde. Consulting Methodentraining. Vor mir sitzen 15 angehende Consultant. Ich kenne das Ziel meiner Frage. Es entsteht eine Diskussion zu Motiven und Nutzen von Consulting.*

Kenne die Gründe für Deine Beauftragung als Consultant

Mit **Beratung** willst Du in Unternehmen **schlechte Sachen gut** oder **gute Sachen noch besser** machen. Das ist richtig, jedoch sehr generisch. Wieso involviert ein spezifischer Kunde für sein **Problem** eigentlich einen **Unternehmensberater**?

Der Brite **Richard Newton** listet in seinem Buch **The Freelance Consultant** eine Menge von Gründen für den Einsatz externer Consultants auf. Kennst Du diese Motive, dann kannst Du Beratungsangebot und Kommunikation optimieren.

- **Motivation** – der Kunde hegt keine Ambitionen
- **Kapazität** – dem Kunden fehlen Zeit und Energie
- **Fähigkeit** – dem Kunden geht die notwendige Expertise ab
- **Gewissheit** – der Kunde ist unsicher und benötigt Bestätigung
- **Verpflichtung** – der Kunden ist verpflichtet einen Dritten einzubinden
- **Lobbying** – der Kunde benötigt Unterstützung für seine Ideen
- **Zuhören** – der Kunde braucht ein offenes Ohr
- **Anweisung** – dem Kunden wurde die Zusammenarbeit nahelegt
- **Schuld** – der Kunde fürchtet Fehler und benötigt einen Sündenbock
- **Orientierung** – der Kunde sucht einen erfahrenen Lotsen

Thomas Deelmann verkürzt diese Gründe in seinem Buch **Die Berater-Republik** auf 3-Bs. Nach dem Beraterforscher suchen Kunden bei Consultants vor allem **Brain**, **Body** und **Brand**, also Fähigkeiten, Kapazität und Lobbying.

Weshalb bestellen **Klienten** Deine Beratung ein? Wie nutzt Du ein **Motiv für Consulting** bei der **Einwerbung von Mandaten**? Im Idealfall kommen **mehrere Gründe** zusammen. Regelmäßig erlebt: Keine Zeit. Keine Lust. Keine Ahnung.

Akquise Hack #2: Berate aus Kundenperspektive

Strategiesitzung. Meine beiden Geschäftskollegen Thomas und Holger und ich sitzen im Office zu zusammen. Es ist Anfang 2020 und wir überlegen, wie wir unsere Beratungsboutique im noch jungen Jahr entwickeln wollen. „Mehr Online-Marketing." schlägt Thomas vor. „Fokus auf unsere Partner." entgegnet Holger. „Beratungsprodukte." rufe ich. Alles falsch. Wir starten das Jahr von der verkehrten Perspektive.

Berate Unternehmen stets aus der Perspektive des Kunden

In seinem Buch **Irresistible Consultant's Guide to Winning Clients** bezeichnet **David A. Fields** die Einstellung als 'Right-Side Up Thinking'. Consulting beginnt nicht bei Dir, sondern immer beim Kunden. Wechsle die Perspektive und lege Dir eine **Kundendenkweise** zu.

- **Mindset** – Versetze Dich in den Kunden und seine Bedenken.
- **Marktauftritt** – Sprich den Kunden dort an, wo sein Fokus liegt.
- **Marketingmaterial** – Konzentriere Dich auf die Situation des Kunden, seinen Problemen und Zielen sowie den verbundenen Nutzen.
- **Gespräche** – Lasse Dich auf die Kundenwelt ein und verbessere mit Deiner Diskussion das Leben des Kunden.
- **Angebot** – Adressiere die Bedarfe und Wünsche der Kunden.

Marketing. Partnerschaften. Produktentwicklung. Angebotserstellung. Denkst Du Deine **Unternehmensberatung** aus **Kundenperspektive**? Immer? Im Consulting geht es nicht um Dich. Es geht um sie. Die Kunden.

Akquise Hack #3: Setze auf Trends

Montagmittag. Ich telefoniere mit meinem Studienkollegen Michael. Wie ich hat Michael vor Jahren Informatik studiert und nach Abschluss eine Consulting Boutique aufgemacht. Sein Schwerpunkt: IT Security. Der Laden: floriert. Montagabend. Ich bespreche mich mit meinem Geschäftspartner Holger. Er plant an seinem Herzensthema der 1990er Jahre anzuknüpfen und den Schwerpunkt Qualitätsmanagement zu treiben. Seine Webseite: Kaum Besucher. Die Auftragslage: null.

Wähle neue Beratungsthemen auf Basis aktueller Trends

Ein wichtiger Grund für Deine Einbestellung durch Kunden liegt in Deinem Wissens- und Erfahrungsvorsprung. Klienten suchen externe Berater, die ihnen helfen für sie **unbekannte Probleme** zu lösen und **neuartige Ziele** zu erreichen.

Bei **bekannten und wiederkehrenden Fragen** helfen sich Kunden selbst und sparen sich die Ausgaben für teure Consultants. Bei **neuen und komplexen Fragen** sind diese jedoch unsicher und buchstäblich ratlos. In Konsequenz wird Hilfe außerhalb der eigenen Unternehmensmauern gesucht.

Trendthemen sind für viele Kunden neu und komplex. **Beratungsbedarf** besteht. Ob Agile Skalierung, Digitalisierung oder Fachkräftemangel – berätst Du zu Themen mit **wachsender Relevanz**, wächst die Nachfrage nach Deiner Beratungsleistung automatisch mit.

Drei **Richtungen** beim Aufspüren von **trendbezogenen Beratungsthemen**:

1. **Outside-In:** Erfasse sich abzeichnende Unternehmenstrends und entwickle für diese ein neues Beratungsangebot.
2. **Inside-Out:** Überlege, wie Deine bestehenden Beratungsangebote bei Fragestellungen neuer Trends helfen könnten.
3. **Copycat:** Kopiere von Unternehmen, die von Trends profitieren. Richte den Blick auf die Big 5 Beratungen oder aufstrebende Softwarehersteller.

Welche **Entwicklungen** zeichnen sich in Deiner **Kundenbranche** ab? Für welche **aufkeimenden Probleme** kannst Du heute schon **Erste-Hilfe** leisten? Mach es wie die Börsenhändler: The trend is your friend.

Akquise Hack #4: Nutze Referenzereignisse

März 2020. Aufgrund von Corona kommt es in Deutschland zum landesweiten Lock-Down. Läden schließen. Familien stellen um auf Home-Schooling. Remote Consulting ist die Norm. Auch wir sind unsicher. Wie geht es in unseren Projekten weiter? Wird Covid-19 Folgen auf die Neukundenakquise haben? Doch wir denken in die falsche Richtung. Besser: Welche Bedarfe entstehen mit der Pandemie bei unseren Kunden?

Nutze die mit Referenzereignissen verbundenen Beratungschancen

Dein **Geschäftsmodell ‚Unternehmensberatung'** basiert auf Veränderungen. Ohne politischen, technischen, sozialen, ökonomischen, ökologischen und rechtlichen **Wandel**, keine Auslöser für Consulting Mandate.

Referenzereignisse sorgen dafür, dass ein Kunde handeln muss und geneigt ist für die **notwendigen Änderungen** erfahrene Berater wie Dich einzubeziehen. Sie sorgen für ein **Gefühl der Dringlichkeit**, dem Sense of Urgency. Suche und nutze diese **Compelling Events** als Aufhänger für Beratungsanfragen.

- **Außerhalb von Kundenunternehmen**, wie neue gesetzliche Anforderungen, politische Entwicklungen oder eben Pandemien.
- **Innerhalb von Kundenunternehmen**, wie Fusion mit einem Wettbewerber, Reorganisationen einer Sparte oder Expansionen in ein neues Land.
- **Unmittelbar beim Kunden**, wie Beförderung zur Führungskraft, Übernahme eines Großprojektes oder Spezialauftrag der Geschäftsführung.

Leite die **Probleme und Ziele** des Kunden ab, die aus dem **Referenzereignis** resultieren. Und biete für diese neuen Bedarfe eine **passgenaue Lösung** an.

Weshalb sollte sich ein Kunde heute mit Deinem Angebot beschäftigen? Was zwingt ihn sofort zur **Tat zu schreiten**, statt zu warten? Warum jetzt? Sei ein Trüffelschwein und suche nach **aktionsauslösenden Ereignissen**. Je kurzfristiger die **Umsetzungsentscheidung** für den Kunden, desto besser. **Zeitlicher Druck** sorgt für Deine rasche Beauftragung.

Akquise Hack #5: Kenne die Kundenperson und ihr Problem

2008. Mein erstes Beratungsprojekt. Ich darf einen Automobilhersteller bei der Einführung eines Softwaretools begleiten. Beides – Kunde und Problem – habe ich mir nicht ausgesucht. Vielmehr wurde ich von meinem Arbeitgeber in das Engagement rekrutiert. Das ‚Zwangsprojekt' füllt meinen Arbeitstag sowie das Konto meines Vorgesetzten. Inhaltlich und menschlich packt es mich jedoch nicht. Heute bin ich smarter und definiere die Zielperson und ihr Problem.

Präzisiere Persönlichkeit und Problem Deiner Zielkunden

Ohne **Problem** engagiert Dich kein **Kunde**. Keiner! Warum auch? Alles in Butter, weshalb jetzt Zeit und Geld in einen **teuren Consultant** investieren! Wer kein Problem hat, der braucht auch keine Beratungslösung.

Ohne **Kundenzielgruppe** ist Deine Akquise diffus und kräftezehrend. Jeder potentielle Kundenmitarbeiter wäre theoretisch von Dir zu kontaktieren.

- Definiere das **Kundenproblem**, das Du mit Deiner Beratungsleistung lösen wirst. Je bewusster und dringender der Painpoint, desto besser.
- Beschreibe laserscharf Deine **Kundenzielgruppe**, ihre Situation, Bedarfe, Wünsche und Sorgen. Konzepte wie Empathy Map oder Personas helfen.
- Sammle **harte Fakten**, die Problem und Zielgruppe belegen. Befragungen, Beobachtungen und Desk Research unterstützen.

Für Deine **Beratungsfirma**, jedes neue **Serviceangebot**, gar jede einzelne **Publikation** fixierst Du zunächst das Problem und die Person. Verlasse Dich nicht auf Deinen Instinkt. Vielmehr sammelst Du stetig **Datenpunkte**, die das zunächst nur angenommene Problem sowie die vermeintliche Person bestätigen.

Weshalb hast Du dieses **Buch** gekauft? Weil es für **Dich** (umsatzverantwortlicher Unternehmensberater) ein **Problem** (Akquise) löst.

Welches **Problem** löst Du mit **Beratung** bei **Kunden**? Wie tickt Deine **Kundenzielgruppe**? Im Optimalfall kennst Du das Problem und die Kundenperson besser als diese sich selbst.

Akquise Hack #6: Tauche in der Welt des Zielkunden ab

Seit 15 Jahren kleide ich mich bei einem Herrenausstatter in der Münchner Innenstadt ein. Das Bekleidungsgeschäft ist geographisch nicht das Nächste. Auch sind die Preise des Ausstatters stattlich – viel höher als im Outlet, Internet oder Kaufhaus. Was mich hält, ist die gute Beratung. Hier beschäftigt sich jemand mit meiner Welt – die eines Unternehmensberaters. Das ist mir meine Zeit und mein Geld wert.

Erfahre die Welt Deiner Kundenzielgruppe

Je besser Du den **Lebensalltag Deines Kunden** kennst, desto genauer kannst Du Deine **Marketing- und Vertriebsaktivitäten** auf diesen abstimmen. Liest sich banal, ist in der Praxis schwer umsetzbar, speziell wenn Du bisher nur wenige Kunden hast. Drei **Dimensionen** für ein besseres **Kundenverständnis**.

Räume: Die Covid-19 Pandemie hat Remote Consulting salonfähig gemacht. Weiterhin gilt jedoch: Standort verändert Standpunkt. **Verlasse das Büro** und begib Dich zum **Arbeitsort Deines Zielkunden**. Was hört, sieht, tut, sagt oder fühlt er im Tagesverlauf? Welche **Annehmlichkeiten** und **Erschwernisse** erlebt er vor Ort?

Themen: Deine Kunde verarbeitet täglich tausende **Informationsschnipsel**. Beschäftige Dich mit diesen Inhalten und lerne ‚kundisch'. Welche **Fachzeitschriften** liest der Kunde? Welche **Business Podcasts** liegen auf seiner Playlist? Welche **Newsletter** hat er abonniert? Welche **Weiterbildungsvideos** klickt er auf Reisen an?

Menschen: Dein Kunde umgibt sich mit **Kollegen, Chefs und Mitarbeiter**. Lerne dieses Umfeld kennen und den Kunden damit besser einschätzen. Welche **Fachtagungen** besucht Dein Kunde? In welchen **Kompetenzclustern** bringt er sich ein? Mit wem isst er zu **Mittag**?

Womit tauchst Du in die **Welt Deines Zielberatungskunden** ab? Wie nutzt Du die gewonnenen Informationen bei der **Akquise**?

Akquise Hack #7: Erfasse den Beratungsbedarf

„Ich habe keine Lust mehr Kunden kostenfrei aufzuschlauen um letztlich ein lapidares ‚Aktuell keine Prio' zu erhalten." Thomas ist sauer. Seit Wochen tourt er mit dem Thema Robotic Process Automation durch die Republik. Thomas hat es schwer, denn er kreiert einen Bedarf.

Bestätige, antizipiere oder kreiere Beratungsbedarf

Bei **bestätigten Beratungsbedarf** hat der Kunde ein Projekt entschieden und terminiert und möchte nun **externe Kräfte** einbeziehen. Die Ausprägungen:

- **Einzelanfrage**, daher nur Du wirst um Abgabe eines Angebots gebeten.
- **Multi-Anfrage**, daher 2-3 Beratungen werden um ein Angebot gebeten.
- **Ausschreibung**, mind. 3 Beratungen nehmen am Bieterwettbewerb teil.

Der Kunde hat das ‚Warum überhaupt?' und ‚Warum jetzt?' bereits für sich beantwortet. Zu entscheiden bleibt lediglich noch das ‚Mit wem?'.

Bei einem **antizipierten Beratungsbedarf** vermutest Du die **Empfänglichkeit** eines Kunden gegenüber **Consulting**. **Indikatoren** sind beispielsweise...

- **Unternehmensdokumente** (z.B. Stellenausschreibungen, Jahresberichte),
- **Presse** (z.B. Fachmedien, Branchenreports) oder
- **Branchengeflüster** (z.B. Beratungspartner, ehemalige Mitarbeiter).

Der Kunde handelt, jedoch nicht unbedingt mit Beratern. Mache **Vorschläge**.

Bei einem **kreierten Beratungsbedarf** besteht beim Kunden noch kein Bewusstsein aktiv zu werden. Du musst in Vorleistung gehen durch...

- **Erzeugung von Bedarf**, z.B. mit Positivnachrichten vergleichbarer Firmen.
- **Hinweisen auf Probleme**, z.B. Negativnachrichten vergleichbarer Firmen.

Änderungsbereitschaft herzustellen ist aufwändig. Überlege genau, ob Du Kunden kostenfrei sensibilisieren und einen **Bedarf erzeugen** möchtest.

Wo vermutest Du **Beratungsbedarf**? Welche **Indikatoren** nutzt Du?

Akquise Hack #8: Positioniere Dich am Markt

Anfang 2023. Meine Partner und ich sitzen im Strategieworkshop. Nach zwei Stunden harter Arbeit steht sie endlich am Flipchart – unsere Positionierung: „Als IT-Management-Berater helfen wir IT-Leitern deutschsprachiger Organisationen beim strategischen Ausrichten ihrer IT-Landschaft auf das Business. Dafür nutzen wir Methoden & Tools des Enterprise Architecture und Strategischen IT Managements. Verlässlich. Persönlich. Pragmatisch."
Wir nicken.

Positioniere Deine Beratung mit einem einprägsamen Satz

Willst Du von Deiner **Zielgruppe** wahrgenommen, für ein **Problem** beauftragt und mit einem **angemessenen Tagessatz** vergütet werden, dann ist eine gute **Positionierung** Pflicht. Du musst Dich spezialisieren und differenzieren und Deine Expertise am Markt sichtbar machen. Nützlich ist die **PZLA-Formel**.

- **Problem** – Welches wichtige und spezifische (sowie im Idealfall dringende) Problem adressiert Deine Beratung?
- **Zielgruppe** – Welche Kunden (Rolle, Bereich, Unternehmen, Standort) aus welcher Branche (z.B. Automotive, Finanzen, Öffentlicher Dienst) sind mit diesem Problem konfrontiert und bereit in eine Lösung zu investieren?
- **Lösung** – Welche Leistungen (Strategie, Organisation, Prozesse oder IT) zur Beseitigung bzw. Reduktion des Problems bietet Deine Beratung?
- **Alleinstellungsmerkmale** – Welche kundenwirksamen Merkmale unterscheidet Deine Leistung von alternativen Problemlösungen?

Gerne kannst Du Deine Positionierung in einen **griffigen Satz einbetten**. Hilfreich ist folgende Schablone: *„Wir helfen Kundenzielgruppe bei Problem, indem wir Lösung mit den Alleinstellungsmerkmalen tun."*.

Ist Deine Beratung am Markt positioniert? Mit einem **spezifischen Problem** und einer klar **abgegrenzten Kundenzielgruppe**? Oder schleppst Du einen **Bauchladen voller Dienstleistungen** vor Dir umher? Zeit für die richtige **(Re-)Positionierung** im Consulting.

Akquise Hack #9: Spezialisiere Dich auf eine Kundengröße

„Beraten wir für die Multis oder die KMUs?". Ich schlucke. Die Frage von Thomas habe ich mir noch nicht gestellt. Bisher war ich in beiden Firmengrößen beratend tätig. Einen klaren Favoriten habe ich nicht. „Weshalb nicht einen Großauftrag bei einem Konzern und 3 bis 4 Kurzengagements bei Kleinunternehmen?" gebe ich die Frage an Thomas zurück.

Richte Marketing und Vertrieb auf eine Zielkundengröße aus

Große Kundenorganisationen locken mit einem **ausgedehnten Projektumfang,** einem **wertvollen Branding** sowie einer **hohen Wahrscheinlichkeit auf Folgemandate** bei viel Teamarbeit und einer hohen Komplexität. Hingegen glänzen kleine und mittlere Kunden mit Deiner **zügigen Beauftragung,** einem **hohen Wirkungsgrad** sowie Deiner **Herausstellung als Experte.**

Richte Deine Akquise und Umsetzung auf Deine **favorisierte Kundengröße** aus:

- **Klein**: Bei Auftragsvolumen bis ~10.000 € läuft die Akquise automatisiert. Auch im Projekt gehst Du nach einem standardisierten Ablauf vor.
- **Mittel**: Bei Auftragsvolumen ab ~10.000 bis ~50.000 € laufen Teile der Akquise persönlich. Im Projekt gehst Du partiell auf Kundenwünsche ein.
- **Groß**: Bei Auftragsvolumen > ~50.000 € verlaufen die Akquise und Erbringung hochgradig individuell.

Es gilt: Kleines Auftragsvolumen, hohe Frequenz. Großes Auftragsvolumen, geringe Frequenz. So kommst Du mit 15 KMU-Kunden und einer Bestellgröße von je 10.000 Euro auf einen identischen Umsatz wie einem 150.000 Euro Großauftrag bei einem einzigen Dachs-30 Konzern.

Berätst Du lieber einen **internationalen Konzern?** Oder fühlst Du Dich in **kleinen und mittleren Kundenfirmen** wohl? Adressiere eine Zielkundengröße und akzeptiere Anfragen des anderen Firmentyps als **willkommene Abwechslung.**

Akquise Hack #10: Berate zu Beginn in der Nische

Projektleitung. Business Analyse. Enterprise Architecture Management. Qualitätsoptimierung. Mitte 2019 liest sich die Firmenwebseite unserer Beratung wie der Kursplan einer Volkshochschule. Bunt. Interessant. Aber doch irgendwie beliebig. Wofür steht unsere 3-Personen-Boutique? Was können wir richtig gut? Keineswegs die Beratung für eine Nische!

Starte mit Deiner Consulting Firma in einer Marktnische

Ein Wesensmerkmal der **Beratungsbranche** sind die **geringen Eintrittshürden**. In Deutschland kann sich jeder Berater nennen und zu jedem Thema jederzeit und überall beraten. Das birgt die Gefahr auf großem Fuß zu starten. Diverse **Branchen**. Verschiedene **Probleme**. Etliche **Ansätze**.

Dabei hat **Beratung in einer definierten nachgefragten Nische** viele Vorteile:

- Du professionalisierst Dein **Vorgehen**. Kunden profitieren von der hohen Ergebnisqualität. Du hingegen steigerst Deine Umsetzungseffizienz.
- Du erhöhst Deine **Glaubwürdigkeit**. Interessenten trauen Dir zu, auf Deinem kleinen abgesteckten Gebiet ein Experte zu sein.
- Du fokussierst Deine **Aufbauanstrengungen**. Ob Produktentwicklung, Marketing oder Vertrieb – alles zahlt auf Dein Nischenthema ein.
- Du reduzierst die Zahl potentieller **Wettbewerber**. Spezialisierung kostet Zeit und benötigt Disziplin. Für Top-Beratungen lohnt Deine Nische nicht.
- Du verkürzt Deinen **Vertriebszyklus**. Kunden wissen unmittelbar welche Beratung sie bei Dir erhalten.

Mache es wie der ehemalige **Feuerwehrmann Paul Neal Adair**, bekannt als Red Adair. Seine Firma spezialisierte sich auf die **Löschung von Gas- & Ölquellen**. Häuser und Wälder – das konnte die Konkurrenz besser. Der US-Amerikaner blieb bis zum Firmenverkauf 1994 in seiner Nische. Natürlich hochprofitabel.

In welcher Nische berätst Du? Bist Du ein Jack of all Trades – die Feuerwehr für alles – oder ein **Specialist** – der Experte für **wohldefinierte Kunden und Probleme**? Je kleiner Deine Beratung, desto kleiner Deine Marktnische.

Akquise Hack #11: Nimm eine Gegenposition ein

,Agil ist keine Lösung!' Ich reibe mir Dir Augen. Ziemlich selten, dass sich heute ein Consultant gegen agile Projektumsetzung stellt. Doch Dominic van Bergen meint es ernst. Auf jeder Seite betont er die Vorzüge eines klassischen Projektvorgehens. Eines hat er erreicht. Er sticht aus der Masse von Beratungen hervor und bleibt im Gedächtnis hängen. Ein cleverer Ansatz.

Positioniere Dich am Markt bewusst als Gegenpol zum Mainstream

Beim **Contrarian Consulting** vertrittst Du bewusst eine **Gegenposition** zu der am Markt **üblichen Beratungspraxis**. *„Genau andersherum"* ist Dein Motto.

- Statt der zigste **Agile Coach** zu werden, spezialisiert Du Dich auf **Wasserfall-Projektmanagement**.
- Statt einer **Cloud Migration**, empfiehlst Du Kunden das Festhalten am **eigenen Rechenzentrum**.
- Statt die Beratung für **Online-Marketing** auszubauen, entwickelst Du Produkte für **Print-Medien**.

Dein Ziel ist es, durch Deine **abweichenden Consulting Konzepte** bei Deiner Zielgruppe aufzufallen, in ihrem Gedächtnis hängen zu bleiben, diese zum Nachdenken zu bewegen und schließlich zur **Kontaktaufnahme** zu veranlassen.

Damit Dein Contrarian Consulting so richtig in Schwung kommt, weichst Du oft und laut auf die **Schwächen und Nachteile des allgemein akzeptierten Ansatzes** hin. Gleichzeitig bietest Du mit Deinem **Anti-Verfahren** eine Lösung an die Schwachstellen des Best Practice Ansatzes zu beheben.

Obwohl Du Dich öffentlichkeitswirksam als **Außenseiter zum branchenüblichen Usus** positionierst, kennst und kannst Du die ebenfalls **Mainstream-Konzepte**. Ist Dein Gegenansatz für einen Kunden ungeeignet, agierst Du **nicht dogmatisch**. Stattdessen wendest Du im Kundensinne nach einer (tiefgehenden) Analyse ebenfalls die Standardkonzepte an.

Wo kannst Du von **der Beraterzunft** abweichen? Welchen **Gegenvorschlag** hast Du? Schlage bewusst in die andere Kerbe als Deine **Konkurrenten**.

Akquise Hack #12: Berate an thematischen Schnittstellen

„An alle Physiker, Chemiker und Geisteswissenschaftler – wir suchen Dich als Consulting Exot." Ich bin von der Anzeigetafel im ICE Bordbistro verwirrt. Eine große Beratung sucht Nachwuchs in Deutschlands Schnellzügen. Aber nicht BWLer, Ökonomen oder Wirtschaftsinformatiker: sondern Vertreter aus ganz anderen Disziplinen. Warum eigentlich?

Berate an der Schnittstelle zwischen zwei Fachdisziplinen

Unternehmensberatung und **Unternehmensberater** sind in Deutschland **keine geschützten Begriffe**. In Folge kannst Du alles unter diesem Begriff praktizieren und am Markt anbieten. Oder wie Thomas Deelmann diesen Umstand in seinem Buch Die Berater-Republik beschreibt: *„Beratung ist das, was Berater tun."*.

Wieso das Thema Beratung nicht weiter fassen und an den **Kreuzungspunkten verschiedener Fachdisziplinen** aktiv werden? Einige Anregungen.

- Als **Informatiker** unterstützt Du in **User Experience Themen**, die im Regelfall vom Kreativ- und Innovations-Bereich eines Kunden kommen.
- Als **Mathematiker** berätst Du Kunden im B2C **Finanzvertrieb**, was im Regelfall gelernten Anlage- & Versicherungsberatern zukommt.
- Als **Psychologin** hilfst Du bei **Recruiting Aufgaben**, die beim Kunden normalerweise von sozialwissenschaftlichem Personal erledigt werden.

Du siehst die Probleme und Ziele von Kunden aus einem **anderen Blickwinkel**. Auch bringst Du **Methoden, Modelle und Konzepte** einer anderen Disziplin mit an den Tisch. Durch Deine **unkonventionellen Ansätze** entstehen neue Ideen. Etablierte Lösungen werden aus einer **alternativen Perspektive** validiert.

Wo kannst Du bewusst in **fremden Gewässern** fischen und dabei für Kunden einen Mehrwert erzeugen? Welche **angrenzende Fachdomäne** profitiert von Deinen Ansätzen und Knowhow? **Innovation** entsteht oft an Schnittstellen.

Akquise Hack #13: Entwickle Alleinstellungsmerkmale

Herbst 2012. Ich wechsle zu einer Beratung aus Wiesbaden. Während der Recruiting-Phase versprechen mir die Manager Großprojekte. Mit freudiger Erwartung unterzeichne ich den Arbeitsvertrag, Startdatum Oktober. Bis zum Februar sitze ich jedoch auf der Bank. Kein Kunde. Kein Projekt. Nur interne Aufgaben. Ganze 5 Monate 'on the Beach'.
Ich spreche meinen Chef an. Was unterscheidet uns vom Wettbewerb?
Weshalb sollte sich ein Kunde für uns entscheiden? Worin liegt unser USP?

Präge Alleinstellungsmerkmale gegenüber Wettbewerbern aus

In Deutschland wirtschafteten 2021 laut dem **Bundesverband Deutscher Unternehmensberatungen** rund **26.000 Beratungsunternehmen** mit einer Gesamtzahl von **~160.000 Beratern**.

- **22.500 Klein-Beratungen** verbuchen einen Jahresumsatz unter 1 Mio. Euro.
- **3.400 mittelgroße Beratungsfirmen** erlösen pro Jahr 1 bis 50 Mio. Euro.
- **200 Big Player** knacken beim Jahresumsatz die 50 Mio. Euro Marke.

Die Chancen sind hoch, dass Deine Beratung zu den 85% der Mini-Boutiquen und Solo-Firmen gehört. Stich aus der Masse der ~22.500 Begleiter heraus.

- Arbeite die **Alleinstellungsmerkmale** Deiner Firma und deren Angebote heraus. Nutze dazu Techniken wie die Blue Ocean Strategie.
- Feile an den **Wettbewerbsvorteilen** Deiner Beratung. Je nutzenstiftender, seltener, anwendbarer und schwerer kopierbar, desto besser.
- Kommuniziere die **Vorteile** Deiner Beratung an Neu- und Bestandskunden – in Blogartikeln, Fachvorträgen und Projektabschlussbesprechungen.

Ein Kunde sollte Deine **Alleinstellungsmerkmale** als essentiell ansehen.

Durch welche **Alleinstellungsmerkmale** unterscheidet sich Deine Beratung? Was macht Deine Beratung schneller, einfacher, größer, hochwertiger, professioneller, günstiger etc.? Differenziere Dich zu Wald & Wiesen Beratungen mit den für Deine Zielkunden nützlichen **Beratungseigenschaften**.

Akquise Hack #14: Bette Dein Angebot in ein Narrativ ein

Es liest sich wie aus einem Märchenbuch. Kind eines Zahnarztes und einer Psychotherapeutin. Aufbau eines sozialen Netzwerks aus dem Studentenwohnheim heraus. Gründung und weltweiter Ausbau. Abbruch des Informatik- und Psychologiestudiums. Hochzeit und drei Kinder.
Vom Tellerwäscher zum Milliardär: Die Story von Mark Zuckerberg verfängt.

Führe mit einer packenden Story zu Deinem Beratungsangebot

Menschen merken sich **Geschichten** viel besser als glattgeschliffene Fachtexte oder aufpolierte Präsentationsfolien. Geschichten kennen wir aus unserer Kindheit. Geschichten hat man sich vor Jahrtausenden schon erzählt.

Lasse **potentielle Kunden** Dein **Beratungsangebot** durch eine **Business Story** entdecken und memorisieren. Entwickle ein **geschäftliches Narrativ**, das von einer **Tatsache** zum **Kundenproblem** und schließlich zu Deinen **Services** führt. Ausgangspunkt Deiner einfachen, unerwarteten, konkreten, glaubhaften, emotionalen und erzählenden **B2B Geschichte** sind beispielsweise...

- **Beratungsprojekte**, z.B. Behebung der Probleme bei ähnlichen Kunden,
- **Studienerkenntnisse**, z.B. Benchmarks renommierter Institutionen oder
- **Referenzereignisse**, z.B. Gesetzesnovelle zum Umgang mit Firmen Assets

mit **direkten Folgen** für die Kundenzielgruppe. Dein Kalkül: Die **einprägsame Story** und ihre **Herausforderungen** induzieren einen **Wandlungsbedarf**.

In seinem Buch **The Boutique** gibt **Greg Alexander** ein Beispiel für ein wirkungsvolles Narrativ. Zielkunden seiner Beratung waren die Vertriebschefs großer B2B Betriebe. Er kalkulierte den Verantwortlichen vor, dass ihnen die Falscheinstellung eines Vertriebsmitarbeiters jedes Mal ~500.000$ kosten würde. Bei **mehreren Fehlrekrutierungen** im Jahr reißt eine schwache Personalauswahl ein **Loch in Millionenhöhe** in die Unternehmenskasse.

Welche **Story** kannst Du Deinen Kunden berichten? Ist diese merkwürdig, daher für die **Ewigkeit** merkbar und des **Erzählens** würdig? Teste **verschiedene Erzählungen** und nutze solche, die Kunden zum Handeln veranlassen.

Akquise Hack #15: Berechne den RoI Deiner Beratung

What's in for me? Den Blick von Herrn Ziethmann kenne ich. Bedarfsanalyse. Soeben habe ich dem potentiellen Kunden unseren Ansatz für die Entwicklung einer IT-Strategie vorgestellt. Ziethmann lehnt sich zurück und stellt die wichtigste Frage. „Was ist eine IT-Strategie wert? Für mich als IT-Leiter, meiner Mannschaft, dem gesamten Unternehmen?". Wie gut, dass ich auf seine Frage nach der Ratio vorbereitet bin. Ich zücke eine Kalkulation. Excel time!

Zeige dem Kunden den Return on Invest Deiner Beratung auf

Geschäftskunden handeln nach dem **Prinzip der Wirtschaftlichkeit**. Je klarer Du die **Rendite für den Kunden** aus seiner **Investition in Deine Beratung** beziffern kannst, desto einfacher Dein Marketing und Vertrieb.

Die folgenden **quantifizierbare Nutzenfelder** sind im Kundenumfeld für Beratungen üblich. Beachte die Sortierung gemäß absteigender Relevanz. Nach meinen Erfahrungen lassen sich Risikoprojekte einfacher vertreiben als Umsatzprojekte. Letztere vergibt ein Kunde schneller als Kostenprojekte etc.

1. **Risikoreduzierung**, beispielsweise durch Beratung zur Erfüllung von gesetzlichen Anforderungen wie dem Medizinproduktegesetz.
2. **Umsatzsteigerung**, beispielsweise Beratung zur Einführung eines digitalen Produktangebots und dem verbunden zusätzlichen Erlösstrom.
3. **Kostensenkung**, beispielsweise durch Beratung zur Umsetzung agiler Arbeitsweisen und der verbundenen Produktivitätssteigerung.
4. **Sozialer Gewinn**, beispielsweise Beratung zu Leadership für zufriedene Führungskräfte und Mitarbeiter.

Mache den RoI deutlich – in **Case Studies**(*„Senkung der Ausschussquote von 10% bei einem Verpackungshersteller"*), **Bedarfsgesprächen** (*„Verkürzung der Time to Market Zeit um durchschnittlich 3 Wochen"*) und **Beratungsangeboten** (*„Erfüllung der Lizenzbedingungen aller 450 installierten Softwareprodukte"*).

Auch das **Nichts-Tun** – dem Verharren im Status Quo – kann den Kunden kosten, entgangenen Gewinn verursachen oder Risiken anwachsen lassen. Welchen **Erlös** darf ein Kunde bei Deiner Beratung erwarten? Wie hoch ist Dein **Return on Invest**? Bemiss auf Basis **vergangener Projekte** Deinen Nutzen.

Akquise Hack #16: Entwickle strategische Partnerschaften

Eine E-Mail. Es ist Michael, unser Geschäftspartner. Michael ist im Themenfeld IT-Security unterwegs, ein wachsender Beratungszweig, den wir mit unserer Boutique jedoch nicht bedienen wollen. Michael hat eine Kundenanfrage auf dem Tisch. Diese erfordert Enterprise Architecture Fähigkeiten, keinesfalls seine Domäne. Passt! Lass uns gemeinsam Projekt und Kunde gewinnen.

Baue und entwickle Partnerschaften mit komplementären Firmen

Nur selten entsteht Deine Beratung isoliert beim Kunden. Oft sind **vorgelagerte, parallele und nachgelagerte Aufgaben** zu erfüllen. Suche Dir Partner, welche...

- für Deine **Kundenzielgruppe** ebenfalls beraten, Inhalte publizieren bzw. eine (Software)-Lösung umsetzen,
- über ein komplementäres **Wertangebot** verfügen,
- Deine **Werte, Arbeitsweisen und Qualitätsansprüche** an den Tag legen.

Bündelt Eure **Marketing- und Vertriebsaktivitäten**. Das gemeinsame **Fachbuch**, der co-veranstaltete **Expertengipfel** oder die **Weiterempfehlungen** an Kunden sind drei Maßnahmen ein Win-Win-Win für Kunden und Partner herzustellen. Oft gilt 1+1 >> 2. Ihr wirkt als **Multiplikatoren**, versorgt Euch mit Aufträgen.

Ein Partnernetzwerk ist ein **strategisches Asset**. Zeige prospektiven Kunden Deine Verbindungen zu Industrie und Wissenschaft, beispielsweise auf der Firmen-Webseite. Du bist vernetzt. Ein Klient profitiert von Deiner Beratung sowie von den vielen **klugen Köpfen und Lösungen** aus Deinem Umfeld.

Welche häufig angetroffenen **Kundenprobleme** kannst Du nicht lösen? Wie können Deine Partner und Du gemeinsam den **Projektkuchen** vergrößern? Melde Dich mindestens einmal jährlich bei Deinen Partnern und lote **Zusammenarbeitsmöglichkeiten** aus.

Akquise Hack #17: Systematisiere den Beauftragungsprozess

Was geht im Kopf von Beratungskunden vor, bevor sie mein Consulting beauftragen? Wie kaufen Klienten Unternehmensberatung überhaupt? Ich zögere. Klar, das AIDA-Prinzip ist mir noch aus der BWL Vorlesung bekannt. Aber trifft das auch den B2B Kontext von Beratung?

Strukturiere den Kaufprozess für Deine Beratungsleistung

Der **Kauf von Consulting** ist vielschichtig. Beratungsleistung ist abstrakt und benötigt **Erklärung**. Die **Investition** ist hoch. Oft wird die **Vergabeentscheidung** von mehreren Personen vorbereitet, beeinflusst und validiert.

In **How Clients Buy** unternehmen **Tom McMakin** und **Doug Fletcher** einen Versuch und stellen ein Modell für die **Entscheidungsreise eines B2B Klienten** vor. Demnach durchläuft ein prospektiver Geschäftskunde **sieben diskrete Phasen**, bevor dieser Deiner Beratung schließlich den Zuschlag erteilt.

1. **Bewusstsein** (engl. Awareness) – Deine Beratung kommt auf das Radar des möglichen Kunden.
2. **Verständnis** (engl. Understand) – Der potentielle Klient lernt Deine Beratungsleistungen und Alleinstellungsmerkmale kennen.
3. **Interesse** (engl. Interest) – Deine Dienstleistung ist relevant und nützlich für den Kunden.
4. **Respekt** (engl. Respect) – Der Kunde traut Dir zu, dass Du ihm in seinen Themen helfen kannst.
5. **Vertrauen** (engl. Trust) – Du bist für den Kunden ehrlich, auch passt für ihn die Zusammenarbeit auf menschlicher Ebene.
6. **Eignung** (engl. Able) – Der Kunde hat Budget und interne Unterstützung.
7. **Bereitschaft** (engl. Ready) - Dein Beratungsthema besitzt für den Kunden eine hohe Priorität.

Nutze dieses, ein abgewandeltes oder gänzlich anderes Modell und vollziehe die Entscheidungsreise Deines Kunden nach.

Wie ermittelst Du die **aktuelle Entscheidungsphase** beim Kunden? Wo ruckelt es weshalb regelmäßig? Kenne und beeinflusse den **Beauftragungsprozess**.

Akquise Hack #18: Systematisiere die Kundenzustände

„Unglaublich, wie viele Leads uns diese Konferenz gebracht hat.". Ich lausche Ralf, der in unserem Business Development Meeting euphorisch berichtet. „Da sind mindestens drei Opportunities unter den Prospects." fährt der Kollege fort. Moment: Lead, Opportunity, Prospect – reden wir hier alle vom Gleichen?

Kategorisiere mögliche Kunden nach Bedarf und Beziehung

Wenn es um die **Klassifikation von Beratungsinteressenten** geht, verfügt die deutsche Sprache über eine begrenzte Auswahl an Begriffen. Eine Person ist entweder ein potentieller Kunde oder ein Kunde. Die **englischsprachige Akquisewelt** ist deutlich ausdrucksstärker. Unterscheide bei einem **Kunden** zwischen folgenden Zuständen:

1. **Suspect**: Person, die keinerlei Beziehung zu Dir pflegt aber zur Kundenzielgruppe Deiner Beratung gehört.
2. **Prospect**: Person, die Dir ihre Kontaktdaten gegeben hat und die möglicherweise Interesse an Deiner Beratung haben könnte.
3. **Marketing (qualified) Lead**: Person, die Dir ihre Kontaktdaten gegeben hat und die ein nachgewiesenes Interesse an Deiner Beratung besitzt.
4. **Sales (qualified) Lead:** Person, die eine persönliche Beziehung zu Dir hat und den Bedarf an Deiner Beratung bestätigt.
5. **Opportunity**: Person, die akuten Bedarf an Deiner Beratung hat und dabei über Entscheidungsmacht und Budget verfügt.
6. **Kunde**: Person, die Du aktuell im Beratungsprojekt unterstützt und zu der eine Vertrauensbeziehung besteht.
7. **Exkunde**: Person, die Du in Vergangenheit beraten hast und zu der eine warme bis abgekühlte Vertrauensbeziehung besteht.

Nutze gerne eine alternative Systematisierung. Wichtig sind **Eindeutigkeit der Kundenzustände** sowie ein **einheitliches Verständnis**. Hinterlege das Schema im Customer Relationship Management (CRM) System.

Welche Kontakte sind bei Dir **Marketing bzw. Sales Lead**s? Nach welchen Kriterien erfolgt ein **Zustandsübergang**? Akquise ist das kontinuierliche Wandeln einer Person in den nächsten Folgezustand.

Akquise Hack #19: Quantifiziere den Akquiseprozess

„Welche Marge hat das gewonnene Projekt? Welchen Umsatz werden wir folgenden Monat mit dem Kunden generieren? Auf welcher Auslastung fahren unsere Berater?". Keine Ahnung. Ich schaue Ulrich ratlos an. Seine Fragen-Kette trifft mich auf dem falschen Fuß. Spezifische KPIs kenne ich nicht.

Miss Aufwand und Nutzen der Akquisetätigkeiten durch KPIs

In der **Akquise** gibt es **1.000 Möglichkeiten** beschäftigt, aber nicht erfolgreich zu sein. *„If you can't measure it, you can't manage it."* soll der US-Amerikanische Ökonom **Peter Ferdinand Drucker** einmal konstatiert haben. Den Erfolg in der **Consulting Akquise** steuerst Du mit **branchenspezifischen Kennzahlen**.

Nutze folgende **Consulting KPIs** für die Messung, Analyse und Optimierung von **Positionierung**, **Marketing**, **Vertrieb** und **Projektdurchführung**. Rechne die Zahlen auf Zeiten (z.B. Monat, Quartal), Themen (z.B. Projektmanagement, Strategie) oder Kunden (z.B. Mittelstand, Konzerne) herunter.

- **Marktgröße** = Zahl potentieller Zielkunden x typisches Projektvolumen
- **Interessensbekundung** = Zahl von Interessenten mit Anfrage
- **Kundengewinnungsrate** = Gewonnene Angebote / Abgegebene Angebote
- **Verkaufszyklus** = Dauer von Erstkontakt bis Angebotserteilung
- **Projektmarge** = (Stundensatz – Stundenkosten) / Stundensatz
- **Tagessatz** = Gewinn / Zeiteinsatz in Arbeitstagen
- **Auslastungsrate** = Zahl bezahlter Stunden / Zahl verfügbarer Stunden
- **Umsatz** = Zahl bezahlter Tage x Tagessatz
- **Projektvolumen** = Gesamtumsatz / Zahl gewonnener Projekte

KPIs sind kein Selbstzweck. Verknüpfe eine **Consulting Kennzahl** stets mit einem **Akquiseziel**. Mehr KPIs sind nicht immer besser. Experimentiere, welche Kennzahl nützlich ist und welche nach einer Testphase aussortiert werden kann. Finde iterativ die **passenden Messgrößen**.

Welche **Ziele** hast Du für Marketing, Vertrieb und Kundenbindung? Mit welcher **KPIs** quantifizierst Du diese Ziele? Beachte die Seiteneffekte aufgestellter KPIs. Wo kann das **Zahlensystem** ausgenutzt, umgangen oder boykottiert werden?

Akquise Hack #20: Führe kleine Experimente durch

Whitepaper. Roadshow. Messestand. Blogbeiträge. Zahl und Variantenreichtum von Consulting Akquisemaßnahmen sind hoch. Fachbuch. Webinar. Newsletter. Podcast. Wir wissen nicht, wo wir anfangen sollen. Und jetzt? Mai 2019. Unsere Beratung ist einen Tag jung. Als Ingenieure gehen wir systematisch vor. Und experimentieren.

Setze kleine Akquiseexperimente auf und reflektiere die Ergebnisse

Akquise im Consulting folgt keinem Naturgesetz. Je nach **Kundenzielgruppe, Marktlage, Wettbewerbssituation, Kontext** und Deiner **Persönlichkeit** treffen Maßnahmen ins Schwarze – oder verfehlen meilenweit ihr Ziel.

Den einen Königsweg gibt es nicht. Du kommst um **gezieltes Experimentieren und Reflektieren** nicht umher. Am Anfang steht die **offene Frage:**

- **Positionierung**: Welche Kernbotschaft verfängt bei der Zielgruppe?
- **Marketing**: Welche Publikation generiert wiederkehrend hohes Interesse?
- **Vertrieb**: Welche Frage kommt in der Bedarfsanalyse gut an?
- **Binden**: Auf welche Aktion melden sich viele Bestandskunden zurück?

Triff plausible **Annahmen**. Setze dann **zeitlich begrenzte und bezahlbare Experimente** auf. Lerne aus den gewonnenen Erkenntnissen. Und passe schließlich Deine **Maßnahmen** an. Akquiseerfolg entsteht in der Praxis, nicht im Reagenzglas. Postulieren. Experimentieren. Reflektieren. Ein ewiger Kreislauf.

Welche **Marketinghypothesen** stehen bei Dir im Raum? Mit welchen **Vertriebsversuchen** experimentierst Du aktuell? Akquise starten. Feedback einholen. Vorgehen verbessern. Und wieder von vorn.

Akquise Hack #21: Übernimm erfolgreiche Techniken

„Schau mal. Die nutzen in Ihren Blogbeiträgen eingestreute Expertenzitate mit den Fotos des verantwortlichen Beraters. Das wirkt authentisch. Als würde mich die Person aus dem Text heraus beraten wollen.". Ich blicke auf die Webseite. Tatsächlich. Thomas hat recht. „Sollten wir für unsere Artikel ebenfalls so machen.". Gesagt, getan.

Kopiere und adaptiere die Akquisetechniken erfolgreicher Beratungen

Die gute Nachricht: In **Deutschland** wirtschaften laut dem Bundesverband Deutscher Unternehmensberater im Jahr 2021 etwa **26.000 Consulting Firmen**. Du hast somit viele **Vorbilder**, von denen Du Dir Marketing-, Vertriebs- und Kundenbindungstechniken abschauen kannst. Einige Anregungen.

- Welche **Struktur besitzt die Webseite** der Beratung gleicher Größe?
- Wie stellt sich der Wettbewerber auf **Business Netzwerken** da?
- Welche Inhalte liefert die Top-Beratung in ihrem **E-Mailnewsletter**?
- Welche **Consulting Events** veranstaltet der Beratungspartner?
- Wie präsentiert sich der **Solo-Berater** in seinem Expertenvortrag?

Laut **Thomas Deelmanns** Sachbuch **Die Berater-Republik** existiert das moderne Consulting in Deutschland seit ~100 Jahren. Das Rad der **Projektakquise** wurde vor langer Zeit erfunden.

Profitiere von diesem Umstand. Kopiere, experimentiere und adaptiere. Beginne mit Techniken, wo der Akquiseerfolg offensichtlich ist. Nutze die **Anregungen** bei der **Delegation von Aufgaben** à la *„Genauso wie dieser Business Podcast soll auch der Podcast meiner Beratung aufgebaut sein.".*

Hast Du vergleichbare **Referenzberatungen,** zu denen Du hochblickst? Welche Elemente kannst Du auf Deine **Akquise** transferieren? *„Gute Künstler kopieren, große Künstler stehlen."* soll der Maler Pablo Picasso einmal gesagt haben.

Akquise Hack #22: Starte Beratung mit einem Kunden

Dezember 2018. Mein aktueller Arbeitgeber – eine mittelständische Beratung mit Hauptsitz in München – steckt tief in der Krise. Die Geschäftsführung hat falsch investiert. Zu viele Geschäftsideen. Zu wenig Umsatzwachstum. Zu hohe Kosten. Wir überlegen uns auszugründen, unabhängig von der bevorstehenden Achterbahnfahrt zu werden. Doch was braucht man für ein eigenes Beratungsunternehmen?

Starte eine Consulting Firma mit einem ersten zahlenden Kunden

Die eine einzige sinnvolle Sache zur **Gründung einer Unternehmensberatung** ist ein zahlender Kunde. Alles weitere – Webseite, Mietbüro, Geistiges Eigentum, Kontaktdatenbank, Fallstudien, Visitenkarten etc. – kann warten.

Ein **erster zahlender Kunde...**

* sichert den Fortbestand Deiner **Firma** durch das Honorar,
* schärft Dein **Beratungsangebot** durch Rückmeldungen,
* hilft Deinem **Marketing** durch Referenzen,
* unterstützt Deinen **Vertrieb** durch Weitervermittlung,
* stiftet bei Dir innere **Zufriedenheit** und
* schafft eine **Alternative bei Verhandlungen** zu Beratungsanfragen.

Achte auf die formalen **Voraussetzungen in Kundenfirmen.** Lieferantenlistung, Gebäudekarten, Systemzugänge, Zertifizierungen etc. benötigen Zeit. Beginne früh mit dem **Aufbau eines administrativen Kundenzugangs.**

Profit Frist betitelt **Mike Michalowicz** seinen lesenswerten Ratgeber. Ein erster zahlender Beratungskunde füllt die erste Seite Deines Auftragsbuchs und sorgt für Profit.

Planst Du die **Gründung einer Beratung?** Hast Du **Bestandskunden**, die Du unter neuer Flagge weiterberaten kannst? Starte Deine Unternehmung mit einem **zahlungsbereiten Erstkunden.**

Akquise Hack #23: Offeriere Einstiegsprojekte

Wir müssen unbedingt aktiv werden. Über 30 Mal wird unser Webartikel „Service Katalog – Aufbau, Einsatz & Vorlagen" inzwischen täglich aufgerufen. Tendenz steigend. Die Nachfrage ist da, nächster Schritt ist ein Einstiegsprojekt. Kick-Off Workshop Service Katalog – das hört sich gut an.

Biete Einstiegsprojekte mit hohem Nutzen bei überschaubaren Kosten

Unternehmensberatung fußt auf dem Vertrauen zwischen Kunde und Berater. Baue mit einem **Einstiegsprojekt** von **wenigen Tagen**, einem **definierten Ergebnistyp** und einem **vierstelligen Honorar** die Kundenbeziehung auf.

Einstiegsprojekte für den **Kunden...**

- senken das **Risiko einer Fehlinvestition.**
- lassen sich schnell meist **ohne Einbindung des Einkaufs** beauftragen.
- lösen in kurzer Zeit ein **spezifisches Problem.**

Einstiegsprojekte für Dich als **Beratung...**

- schaffen einen **Zugang zur Kundenorganisation.**
- geben Dir Gelegenheit Deine **Kompetenzen unter Beweis zu stellen.**
- sorgen für eine **Referenz**, ein **Firmenlogo** und **Kundenkontakte.**

Ein Einstiegsprojekt deckt gerade noch/nicht mehr ganz Deine Kosten. Kein Problem, denn Du verfolgst eine **Land & Expand Strategie**. Der spitz kalkulierten Initialbestellung sollen viele lukrative Aufträge folgen.

Das Unternehmerpaar **Conta Gromberg** erklärt im Buch **Business Model Produkt-Treppe** wie Du ein Einstiegsprojekt konzipierst, Kunden an dieses heranführst und schließlich höherpreisige Services vertreibst. Alternative Bezeichnungen sind Produktrutsche oder Kundentreppe.

Offerierst Du bereits **Kurzprojekte** mit hohem Wert und geringem Einsatz für den Kunden? Welche Deiner Leistungen kannst Du entkoppeln und als **Einstiegsangebot** platzieren? Offeriere Neukunden die Möglichkeit einer **kostenpflichtigen Probefahrt,** bei der Du am Steuer sitzt.

Akquise Hack #24: Offeriere Beratungsprodukte

Ein Lastenheft in nur 2 Arbeitswochen. Schlüsselfertig. Nach einem klaren Ablauf. Zum Festpreis. Spannendes Angebot, sind doch Lastenhefte in Unternehmen eine ungeliebte Aufgabe die gerne einmal 6 und mehr Monate brauchen. Ich bin sicher: Dieser Berater hat keine Akquiseprobleme.

Offeriere standardisierte Beratungsprodukte zum Festpreis

Ob CE-Kennzeichnung, Prozesslandkarte oder Lastenheft – Durch ein **Beratungsprodukt** verbindest Du die Vorteile eines Produkt- und Service-basierten Werteangebots. Dazu verpackst Du eine **standardisierte Beratungsleistung** mit einem **festgelegten Ergebnis** in ein Produkt und bietest dieses Kunden zu einem **fixen Preis** zum **Direktkauf** an. Das Produkt...

- löst unter Deiner methodischen Leitung ein spezifisches **Kundenproblem** und/oder erledigt eine bestimmte **Kundenaufgabe**.
- basiert auf Deinem **standardisierten Prozess** mit konstanter **Qualität**.
- erbringst Du innerhalb eines **definierten** (meist knappen) **Zeitrahmens**.
- kannst Du skalieren, daher einfach auf **größere Kundenmengen** übertragen.
- rechnest Du zum **Festpreis** ab, wobei dieser häufig zu Beginn des Projektes (anteilig) durch den Kunden beglichen wird.

Ein **Beratungsprodukt** lässt sich einfach am Markt kommunizieren. Gegenüber **Wettbewerbern** hebst Du Dich ab und untermauerst Deinen **Expertenstatus** für ein Thema. Aufgrund des **festen Vorgehens** und den **vielen Wiederholungen** ist Dein Wirken hocheffizient.

Dem Kunden gibt das Produkt die **Gewissheit** für seine Investition das **vereinbarte Ergebnis** in der Hand zu halten. Ein Nachverhandeln auf Basis von Änderungsanträgen – wie regelmäßig bei Beratern üblich – entfällt.

Welche Deiner **Consulting Ergebnisse** wird häufig von Kunden angefragt? Welcher **Beratungsanteil** ist immer gleich, lässt sich standardisiert vertreiben und erbringen? Einzelheiten zu Entwicklung, Verkauf und Umsetzung findest Du im Buch **Productized Service** von **Maik Pfingsten**.

Akquise Hack #25: Nutze ein CRM System

„Keine Ahnung, was das letzte Mal mit dem Kunden besprochen wurde. Ich bin erst seit gestern am Angebot dran.". Nico zuckt die Achseln. Wir beide sind ratlos. Peter, erster Kundenansprechpartner und Leiter des Angebotsprojektes liegt seit Wochenbeginn mit Corona im Bett. Uns fehlt der aktuelle Stand. „Alles klar." entscheide ich „Bitte schlage den Kunden einen Call mit weiterführenden Fragen vor. Ich hoffe Peter hat diese nicht alle schon gestellt."

Pflege Kunden- & Partnerdaten im CRM System

Durch ein **Customer Relationship Management** (CRM) System hat jeder in Deiner Beratung eine **aktuelle und konsistente Sicht** auf **(potentielle) Kunden** und **Partner**. Vier wesentliche **Funktionen eines CRMs** im Consulting.

- **Kontaktpflege** – Wer hat wann, zu welchem Thema und über welchen Kanal das letzte Mal mit unserem Kunden interagiert?
- **Netzwerken** – Welchen Beratungspartner kann ich einen anfragenden Kunden empfehlen?
- **Nachverfolgung** – In welcher Vertriebsphase befindet sich unser Angebot und wer muss was beim Kunden für einen Phasenwechsel tun?
- **Vorhersage** – Wie hoch ist die Wahrscheinlichkeit zukünftiger Mandate, welchen Umsatz bringen diese und welches Personal ist nötig?

Ob Salesforce, PipeDrive, SugarCRM oder eine andere Lösung – viel kannst Du bei der **Erstauswahl eines CRM Systems** nicht falsch machen. Achte auf die **Exportierbarkeit** des Datenbestandes, eine **einfache Nutzung** sowie die Einhaltung der **Datenschutzanforderungen**.

Ein CRM ist so gut wie seine Daten. Mache die **Pflege zu Gewohnheit**. Binde die Aktualisierung von Kontakten und Interaktionen an bestimmte **Zeiten** (z.B. jeden ersten Freitag im Monat), **Orte** (z.B. immer auf der Rückreise vom Kunden) und **Aktionen** (z.B. direkt nach Anruf bzw. E-Mail).

Wie aktuell sind die **Kunden- und Partnerdaten** in Deinem CRM System? Wer pflegt das virtuelle **Kontaktnetzwerk**? Digitalisiere die **Geschäftsbeziehungen**. Nutze ein **CRM System**.

Vermarkten

Online, Offline & Cross-Medial

*„Marketing ist die Kunst, Chancen aufzuspüren,
sie zu entwickeln und davon zu profitieren."*

- Philip Kotler, US-amerikanischer Wirtschaftswissenschaftler

Akquise Hack #26: Starte unmittelbar mit Marketing

Ende 2020. Über Agenturen und Vermittler haben wir unsere Boutique in Projekte gehievt. Jedoch knappern die Zwischenstellen an unserem Tagessatz. Auch sind die Kunden und Beratungsthemen nicht das, was wir wirklich anstreben. Es muss sich etwas ändern. Wir brauchen einen direkten Zugang zu Kunden. Im Idealfall melden sich Interessierte direkt bei uns.

Mache Dein Beratungsangebot am Markt bekannt

Du kannst die **beste Unternehmensberatung** der Welt sein, den schnellsten, umfassendsten bzw. preiswertesten **Service** liefern. Kein Kunde wird Dich für sein Projekt engagieren, falls ihm Deine Firma und Du unbekannt sind.

Es nützt nichts. Du musst trommeln und Deiner **Zielgruppe** demonstrieren, dass Du ihr **Problem** lösen kannst. In seinem Buch **Irresistible Consultant's Guide to Winning Clients** bezeichnet **David A. Fields** sie als die **Five Marketing Musts**:

- **Schreiben**, z.B. in Marktanalysen, Fachbücher oder Whitepaper
- **Sprechen**, z.B. in Webinaren, Fachtagungen oder Podcasts
- **Netzwerken**, z.B. auf Konferenzen, Kaminabenden oder Thementagen
- **Berufsverbände**, z.B. Handelskammern, Branchentreffen oder Thinktanks
- **Digitale Präsenz**, z.B. Webseite, Videoplattform oder E-Mails

Die Hauptaufgaben von Marketing ist die stetige **Aufmerksamkeitserzeugung** und **Interessentengenerierung**. Lanciere mit Beginn Deiner **Beratungstätigkeit** auch Dein **Marketing**. Interessemeldungen heute auf ein halbgares Thesenpapier ist besser als ein ausbleibendes Feedback morgen für eine durchkomponierte Thought Leadership Analyse.

Die **Marketingkapazitäten** von kleinen und mittleren Beratungsboutiquen sind knapp. Extrem knapp. Starte mit **wenigen nachgefragten Inhalten**. Jeder Marketingbaustein sollte ein **Problem** Deiner **Zielgruppe** lösen.

Kennt Dich der **Markt** für Deine Beratungsthemen? Wie viele **Leads** purzeln monatlich aus Deinem Marketinganstrengungen heraus? Du hast die Pflicht den Markt über den **Nutzen Deiner Beratung** zu informieren.

Akquise Hack #27: Erfasse die Bedarfe aller Kundenebenen

„Endlich habe ich die Infos für das Beratungsangebot zusammen." Strahlend empfängt mich mein Mitarbeiter Alex frühmorgens im Büro an der Kaffeemaschine. „Nach dem dritten Gespräch mit dem Teamkollegen des Kunden sind alle Ziele, Ergebnisse und Abnahmekriterien fixiert." freut sich Alex. „Und wer finanziert das Engagement?" frage ich zurück.

Achte auf die verschiedene Anforderungsebenen beim Kunden

Kunde ≠ Kunde. In der Welt der Unternehmensberatung ist der Kundenbegriff vielschichtig. Unterscheide zwischen den verschiedenen **Kundenebenen**:

- **Sponsor** – Wer hat das Geld für Beratung?
- **Initiator** – Wer hat das Problem für das Beratung helfen soll?
- **Empfänger** – Wer ist Nutznießer der Beratung?

Jede Ebene hat eine andere **Anforderung an Deine Beratung**. Im Idealfall verfügt die Kundenperson mit dem **Problem** auch über ein **Budget**, kann mit diesem unmittelbar eine Beauftragungsentscheidung zu Deinen Gunsten fällen.

Oft ist der **Initiator** ein bis **zwei Hierarchieebenen** über den **Empfängern** Deiner Beratungsleistung angesiedelt. Er beschließt ein Projekt, welches Du gemeinsam mit den Empfängern realisierst. Durch **Inbound Marketing** wie Fachbücher, Blogbeiträge und Praxis-Webinare adressierst Du oft die **Empfänger**. Mit **Outbound Vertriebsmaßnahmen** wie Executive-Tagungen, Kaminabende oder Bedarfsanalysen wendest Du Dich hingegen in der Regel an die **Initiatoren**.

In Unternehmen gibt es immer mehr Aufgaben als Zeit und Geld zur Verfügung stehen. Beachte den resultierenden **kundeninternen Wettbewerb** um Ressourcen und Budget. Erst wenn der Initiator Euer Projekt (mit Deiner Hilfe) gegenüber Konkurrenzvorhaben durchgesetzt hat, kommst Du ins Spiel.

Wen adressierst Du mit Deinem aktuellen **Marketingmaterial**? Wer in Deiner Kontaktdatenbank war **Empfänger, Sponsor oder Initiator**? Erfasse die Bedarfe aller Kundenebenen. Kommuniziere für Empfänger, argumentiere für Initiatoren und beweise für Sponsoren.

Akquise Hack #28: Konkretisiere Beratungsergebnisse

Was für ein Whitepaper. Ansprechender Text. Attraktives Big Picture. Objektive Kennzahlenangaben. Eingeflochtene Kundenstimmen. Fotos gut gelaunter Menschen. Die Top-Beratung hat es wirklich drauf. Consulting ist erlebbar.

Verdeutliche Deine Ergebnisse und ihren Wert für den Kunden

Unternehmensberatung ist ein **trockenes Geschäft**. Nach Projektende hinterlässt Du dem Kunden oft nicht viel mehr als ein **Slide-Deck** oder eine **Excel-Kalkulation**. Ob **Workshops**, **Interviews** oder **Datenanalyse** – von Deinen 12-Stunden Arbeitstagen und den vielen Nachschichten bleibt wenig Tangibles.

Umso wichtiger ist es Deine **Ergebnisse** und ihren **Mehrwert** für Consulting Interessenten konkret zu machen. Gib Butter bei die Fische.

- Präsentiere **Beispiele** aus vergangenen Engagements.
- Gib **Zahlen**, **Daten** und **Fakten** und setze diese in Relation.
- Binde **Infografiken**, **Abbildungen** und **Diagramme** ein.
- Lasse **Bestandskunden** in Bild und Schrift zu Wort kommen.
- Liefere **Vorher und Nachher-Darstellungen** beim Kunden.

Zeige, statt zu erklären – auf **rationaler und emotionaler Ebene**. Achte auf die **Anonymisierung** verwendeter Inhalte. Kein prospektiver Kunde möchte in der Fußzeile einer Präsentationsfolie den Namen seines Wettbewerbers lesen.

Leite die **Bedeutung eines Beratungsergebnisses** für einen früheren Kunden ab. Zu welcher positiven, im Idealfall messbaren, Entwicklung führte Deine Unterstützung? Was war dank Deiner **Hilfe** möglich? Verdeutliche die Auswirkungen aus **verschiedenen Kundenperspektiven**.

Wie kannst Du Deine **Resultate** für Interessenten plastisch gestalten? Welcher Deiner letzten Consulting Ergebnisse ist ein echter **Blickfang**? Stelle das konkrete ‚**Wozu' Deiner Beratung** in die erste Reihe.

Akquise Hack #29: Kommuniziere konsistent

„Leider haben wir das Angebot verloren." – Thomas blickt mich müde im kurzfristig einberufenen Video-Call an. Ohne Rückfrage fährt mein Geschäftspartner fort: „Der Kunde versteht das von mir vorgeschlagene Persona-Konzept für die Anforderungserfassung nicht. Der Mehrwert ist ihm unklar, die Zusatzkosten zu hoch.". Ich möchte wissen: „Habt ihr den Einsatz von Personas im Projekt vorher vereinbart?".

Interagiere verständlich und nachvollziehbar

Alan Dibb bringt es in seinem Buch **The 1-Page Marketing Plan** auf den Punkt: *„If you confuse them you will lose them"*. Wenn Du Deinen Kunden verwirrst, wirst Du ihn verlieren. Achte auf eine **einfache, konsistente und korrekte Kommunikation**. Einige Fallbeispiele:

- Verfasse anspruchsvolle und gleichzeitig zugängliche **Whitepapers**, z.B. unterteilt nach SCQA mit Situation, Complication, Question und Answer.
- Ergänze nur Punkte in Deinem **Beratungsangebot**, die vom Kunden gefordert oder mit diesem abgestimmt wurden.
- Strukturierte Deine **Projektstatusfolien**, z.B. nach dem Pyramiden-Prinzip mit der Kernaussage zu Beginn sowie anschließenden Hintergrundinfos.

Achte auf die Details. Unverständliche Kommunikation – schriftlich wie mündlich – bedeutet Mehraufwand. Du möchtest mit Beratung das **Berufsleben Deines Kunden** so einfach wie möglich machen. Tagtäglich prasseln genug unsortierte, missverständliche und überflüssige Infos auf diesen ein.

Bist Du konsistent in den **Absprachen mit einem Kunden** und Deinen anschließenden **Handlungen**? Wodurch hast Du einen Beratungsinteressenten einmal so richtig verwirrt? Der Kunde muss **drei Entscheidungen** fällen. Erstens: **Aktiv werden**. Zweitens: **Jetzt handeln**. Drittens: **Dich beauftragen**. Behindere diese Beschlusskette nicht durch inkonsistente Kommunikation.

Akquise Hack #30: Optimiere die Kontaktreise

Erneut stoße ich auf das Produkt eines deutschsprachigen Softwareherstellers. Moment, zählen wir einmal durch. Suchmaschine, Business Netzwerk, Konferenzeinladung, Blog-Feedreader, Newsletter, Branchenstudie. Die Firma scheint mit ihrem Tool überall zu sein. Wäre ich potentieller Kunde könnte ich mich der Präsenz nicht entziehen.

Optimiere die Kontaktpunkte der Reise potentieller Kunden

Die wenigsten Interessierten ordern direkt ein **Beratungsprojekt** bei Dir. Üblich ist eine **individuelle Kundenreise** entlang 5 bis 10 Kontaktpunkten. Unterscheide bei diesen **Customer Journey Touchpoints** zwischen drei Formen:

- **Digital**: Blogbeiträge, E-Mails, Whitepapers oder Self-Assessments sind einfach ausspielbar und skalieren. Ein Interessent lässt sich nachverfolgen.
- **Telefonisch**: Direktanruf oder Videokonferenz sind teurer, aber auch persönlicher als die automatisierte digitale Interaktion.
- **Präsenz**: Mit Kurz-Workshops, Fachkonferenzen oder Kaminabende hast Du unmittelbaren Kontakt zur Zielgruppe.

Nicht alle Kontaktpunkte liegen gänzlich unter Deiner Kontrolle. Differenziere zwischen **Owned** (z.B. eigene Firmen-Webseite, eigenes Buch), **Earned** (z.B. Interview in bekannten Podcast, Gastartikel auf Partnerblog) und **Paid** (z.B. bezahlter Fachvortrag auf Messe, Werbung auf Suchmaschine) Touchpoints. Je höher der **in Aussicht gestellte Nutzen** für einen Interessenten, desto mehr Zeit, Daten und Aufmerksamkeit räumt er einem Kontaktpunkt ein.

Welche Deiner **Touchpoints** konvertieren verlässlich Suspects zu Leads? Bei welchen Kontaktpunkten ist das **Verhältnis zwischen Kosten und Interessenten** unrentabel? Befrage Kunden, wo und wie sie auf Dich aufmerksam geworden sind. Messe und optimiere.

Akquise Hack #31: Führe mit Inhalten zum Angebot

Bis 2030 fehlen dem öffentlichen Dienst 140.000 IT-Fachkräfte. Ich lese die Überschrift und scrolle durch das Whitepaper. Der hübsch aufgemachte Artikel stammt von einer Top-Beratung. Diese hat einen Trend ausgemacht: Fachkräftemangel. Ganz am Ende des Beitrags listet das Autorenteam mehrere Case Studies auf. Geschickt orchestriert.

Führe Interessenten mit Inhalten schrittweise zu Deinem Angebot

Regelmäßig wissen **prospektiven Beratungskunden** nicht, dass sie mit ihrem Unternehmen in ein **Problem** laufen. Beiträge zu Deinen **Lösungsangeboten** würden diese Interessenten ignorieren. Hole die Kunden ab, indem Du Dein **Marketinginhalte** entlang der **Problembewusstseinsreise** auffächerst.

1. **Thought Leadership**: Greife einen Trend auf und zeige die (negative) Wirkung auf Deine Kundenzielgruppe (z.B. *„IT-Fachkräftemangel in der Öffentlichen Verwaltung: Ursache und Gefahren für Deutschland")*.
2. **Case Studies:** Illustriere am Beispiel, mit welchen Lösungsansätzen Deine Kunden auf die mit dem Trend verbundenen Herausforderungen reagieren (z.B. *„Wie die Millionenmetropole München IT-Fachkräfte rekrutiert")*.
3. **Positionierung:** Bringe Deine Beratung als kompetenten Problemlöser für resultierenden Herausforderungen ins Spiel (*„XYZ Beratung: Seit 20 Jahren Spezialist für das Sourcing von IT-Fachkräften")*.
4. **Beratungsangebot:** Schlage konkrete Methoden, Modelle und Tools für die Behebung der Kundenprobleme vor (*„IT-Personalgewinnung an Hochschulen – in 5 Schritten zu den Top-Absolventen")*.

Wecke zunächst **Bewusstsein**, schaffe anschließend **Bedarf** und offeriere schließlich ein **Heilmittel**. **Große Beratung** sind Meister im Aufbau und dem Ausspielen dieser **Content-Ketten** an prospektive Kundschaft.

Ordne Deine Inhalte pyramidal. Die Spitze formt ein **Visionspapier**. Deine Beratung agiert als **Vordenker**. Es folgen **mehrere Fallstudien** aus Deinen Kundenprojekten, die von **Whitepapers** flankiert werden. Den Sockel der Pyramide bilden Artikel zu **Einstiegsprojekten** und **Beratungsprodukten**.

Welche Deiner **Bestandsinhalte** holen die Kunden an welcher Stelle ab? Wo klaffen **Lücken**? Mache es wie die Big 5 Beratungen und baue Content-Ketten.

Akquise Hack #32: Recycle Deine Marketinginhalte

„Das haben wir bereits als Blogbeitrag. Weshalb noch ein Whitepaper draus machen?" – fragend schaut mich mein Mitarbeiter Hendrik an. Ich verstehe seinen Unmut. Doch ich weiß auch: Anpassung bzw. gar Neuerstellung von Marketingmaterial kostet. Ich entgegne knapp: „Hendrik, noch kein Kunde hat sich über identische Inhalte beschwert. Lass uns den Blogbeitrag in einer Stunde in ein Whitepaper überführen und auf unsere Seite packen. Dann fangen wir die Interessenten auf verschiedenen Kanälen ein. Fertig."

Veröffentliche identische Inhalte für verschiedene Medienformate

Fundierte, nützliche und relevante Inhalte zu erstellen, benötigt Zeit. Du bist **Unternehmensberater**. Kein Medienkonzern. Du verdienst Geld mit **Beratungsprojekten**, nicht mit der Erstellung und Verbreitung von Content.

Recycle erstellte **Marketinginhalte**. Es gilt: Identische Botschaft, wechselnder Kanal. Maximiere die **Wiederverwendung** und **Synergien**. Einige Anregungen:

- Aus einer Sammlung von **Whitepapers** entwickelst Du ein kleines **eBook**, das Besucher Deiner Firmenseite gegen Abgabe ihrer E-Mail erhalten.
- Die vorgestellten **Webinar-Präsentation** fasst Du in einem kurzen **Infoclip** zusammen, den Du auf einer Videoplattform bereitstellst.
- Die Inhalte Deines **Newsletters** stellst Du zeitverzögert auf Deiner Webseite als **Blogartikel** zur Verfügung.
- Die Essenz aus einer Serie von **Business Network Posts** fasst Du zu einem **Impulsvortrag** zusammen.

Nicht jeder Kanal funktioniert für jede Botschaft. Experimentiere. Ob Klicks, Views, Likes oder Anfragen – messe die **Rückmeldungen** und finde heraus, welche **Themen** mit welcher **Liefermethode** funktionieren. Erreiche die **richtige Person** mit der **richtigen Nachricht** zur **richtigen Zeit** zu den **richtigen Kosten**.

Hast Du einen **Marketing-Recycling-Prozess**? Bei welcher **Botschaft-Kanal-Kombination** gehen Deine Empfänger in Resonanz? Content is King. Aber auch Könige dürfen recyceln.

Akquise Hack #33: Erstelle hervorragende Blogbeiträge

April 2023. Eine E-Mail ploppt in meinem Postfach auf. Ihr Absender: ein Premiumfahrzeughersteller. Der Mitarbeiter aus der IT-Abteilung ist auf meinen Blogartikel aufmerksam geworden und schlägt einen Impulsbeitrag auf dem nächsten internen Digitalforum vor. Der Vertriebsaufwand ist null. Auch stimmt das Honorar für den Kurzeinsatz. Mein Impulsbeitrag sollte den Grundstein für einen lukrativen Folgeauftrag legen.

Verfasse erstklassige Blogbeiträge zu Deinen Beratungsthemen

Ein **Kunde** steht vor einem **Problem**. Bevor mühsam und langwierig ein teurer Unternehmensberater einbestellt wird, recherchiert der Kunde zunächst online zur Herausforderung und möglichen Lösungen. **Web-Suche** – das geht schnell, kostet wenig und lässt sich von fast überall aus erledigen.

An dieser Stelle kommst Du ins Spiel. Erstelle **nützliche, relevante und zugängliche Blogbeiträge**, die dem Kunden **erste Hilfestellungen** geben, Deine **Kompetenz für das Thema** untermauern und zum **Dialog** einladen. Folgende **Formate** eigenen sich für die **Inbound Marketing Maßnahme**:

- **Ergebnistypen**, wie Lastenheft, Recruiting-Film oder CE-Kennzeichnung erklären, welche Resultate Deine Beratung erbringen kann.
- **Rollenbeschreibungen**, wie Product Owner, Interimsmanger oder Business Facilitator zeigen, welche Position Du beim Kunden ausprägen kannst.
- **Tool-Bewertungen**, wie Projektleitung oder Requirements Engineering unterstreichen Deine Kompetenz in der Einführung neuer Software.
- **Frameworks**, wie Scaled Agile Framework, Objective Key Results oder Scrum, demonstrieren Dein Knowhow methodisch Probleme zu lösen.

Fokussiere in Deinen Internetbeiträgen auf das ‚Wozu' und ‚Was', die **Motivation** und den **Betrachtungsumfang**. Das ‚Wie' und ‚Womit' – Vorgehen und Hilfsmittel – erhält ein Kunde im bezahlten Beratungsprojekt.

Mit welchen **Wissensbausteinen** kannst Du Interessenten einfach und unmittelbar helfen? Welche **Kundenfragen** beantwortest Du wiederkehrend? Gieße Dein Knowhow in **hochwertige Blogbeiträge**.

Akquise Hack #34: Baue eine E-Mail-Liste auf

„Über 450 Kontakte und fast 200 Follower. Und jede Woche kommen 10 Personen dazu.". Stolz blickt Martin zu mir rüber und ergänzt: „Die haben alle Interesse an mir und meinem Beratungsthema. Die Zukunft der Akquise gehört den Business Netzwerken.". Ich schlucke. Was passiert, falls die Plattform auf die Idee kommt Martin zu blockieren?

Baue über Newsletter und Exklusivzugriffe eine E-Mail-Liste auf

Die Kontakte auf **Business Netzwerken** wie Twitter, LinkedIn oder Xing gehören der digitalen Plattform und nicht Dir. Du erhältst den **Zugang**. Der Plattform steht es frei diesen Zugang zu beschneiden, zu monetarisieren oder Dich ganz auszuladen.

Mache Dich unabhängig von den Spielregeln der Plattformbetreiber und baue Deine **eigene E-Mailliste** auf. Drei frei **kombinierbare Möglichkeiten** für das **Einwerben von Interessenten**.

- **Newsletter**: Ein Leser erhält monatlich nützliche Inhalte.
- **Inhalte**: Ein Nutzer erhält Zugang auf Artikel, Vorlagen und Videos.
- **Test**: Ein Teilnehmer erhält eine Positionsbestimmung auf seine Fragen.

Der Aufbau einer E-Mail-Liste hat viele Vorteile. Demonstriere **Kompetenz**, entwickle eine **Vertrauensbeziehung**, verankere Dich im **Gedächtnis**, erfasse **Datenpunkte** und etabliere einen **Direktzugang** zu Interessenten.

Starte klein. Experimentiere. Und baue **nachgefragte Themen** unter Beachtung der **Datenschutzanforderungen** aus. Schlage am **Projektende** dem Kunden vor in Deinen E-Mailliste aufgenommen zu werden. Der Klient erhält Mehrwert und Du eine automatische Verbindung.

Für welche Deiner **Beratungsmaterialien** würden Besucher Deiner Webseite mit ihrer E-Mailadresse bezahlen? Welchen Assessment-Fragebogen kannst Du zur **Online-Kurzbewertung** umbauen? Totgesagte leben länger. Auch 50 Jahre nach Geburt erfreut sich das alte **Push-Medium E-Mail** bester Gesundheit.

Akquise Hack #35: Publiziere Case Studies

Mai 2020. Unsere kleine Beratung feiert ihren ersten Geburtstag. Doch im Markt sind wir für unsere Nische weiterhin ein Noname. Kaum Sichtbarkeit. Wenige Kontakte. Geringe Glaubwürdigkeit. Und wenn uns Interessenten ansprechen sollten, haben wir fast nichts in der Hand. So geht das nicht weiter.

Verfasse und nutze Case Studies von erfolgreichen Projekten

Mit **Case Studies** verschriftlichst Du **erfolgreiche Beratungsprojekte**. Das **Marketing- und Vertriebswerkzeug** präsentiert Deine Arbeit und ihren Wert für Bestandsunden. Auch stärkt die Studie das **Sicherheitsgefühl bei potentiellen Neukunden** mit Dir eine felderprobte Beratung zu engagieren.

Deine visuell ansprechende Case Study besteht aus **1 bis 2 Seiten** und basiert auf wahren Fakten. Orientiere Dich an folgendem Aufbau:

- **Titel**: eine einladende, spezifische und wertstiftende Überschrift
- **Situation**: konkrete Zahlen, Daten und Fakten zum Hintergrund
- **Herausforderung**: das verzwickte Problem und die negativen Folgen
- **Vorgehen**: der Ablauf im gemeinsamen Projekt in 3 bis 5 Schritten
- **Nutzen**: das Ergebnis und positive Konsequenzen für den Kunden

Optional rundest Du die Erfolgsgeschichte mit einem **zusammenfassenden Fazit** und geplanten **nächsten Schritten** ab. Ergänze zudem einen **Handlungsaufruf**, der einem Leser einen **Mehrwert bei Kontaktaufnahme** verspricht.

Case Studies erstellst Du **unmittelbar nach dem Projekt**, allein auf Basis der Projektunterlagen oder gemeinsam mit dem Kunden. Letzteres bedeutet mehr Aufwand, stärkt dafür die **Beziehung** und entwickelt Klienten zu Empfehlern.

Veröffentliche Case Studies auf Deiner **Webseite**, präsentiere diese auf **Konferenzen** und hänge sie **Angeboten** an. Einmal verfasst, ziehst Du die **passende und hoch aktuelle Referenz** für Kunden als **Arbeitsbeleg** heran.

Welche Deiner **Engagements** eigenen sich als Projektreferenzen? Welche bisher mündlich erzählte **Success Stories** verfängt heute schon bei Interessenten?

Akquise Hack #36: Biete Interessenten ein Self-Assessment

Da ist doch ein Muster. Sommer 2022. Wiederkehrend fragen Firmen die Entwicklung einer IT-Strategie an. Basis ist ein großer Webartikel mit Verweis auf unser Angebot. Die Initialfragen der Interessenten ähneln sich stark. Weshalb nicht ein Self-Assessment anbieten? Durch das Ausfüllen erfahren wir mehr über die Zielgruppe und haben Anknüpfungspunkte für Gespräche.

Gib Interessenten die Option kostenfrei ihren Reifegrad zu bestimmen

Mit einem auf Deiner Firmen-Webseite eingebetteten **Fragebogen** erlaubst Du einen **Interessenten** eine **Selbsteinschätzung** vorzunehmen und den eigenen **Reifegrad** zu bestimmen. Auf Grundlage weniger Fragen ermittelt ein Nutzer, wo er bezüglich eines Deiner Beratungsangebote steht. Oft erhält er aus der Befragung erste **hilfreiche Hinweise** für die Lösung seines Problems.

Ein **digitales Self-Assessment**...

- positioniert Deine Beratungsfirma als **Experten** für ein Thema,
- generiert für Dich eine **wachsende Datenbasis** für die Themenentwicklung,
- gibt Teilnehmern die Möglichkeit Deine **Beratung kennenzulernen** und
- lädt zum Austausch ein und ebnet **Erstgespräche**.

Achte auf einen **packenden und ehrlichen Einstieg, einfache und stimmige Fragen** sowie eine **ansprechende und nützliche Auswertung**. Ein Interessent erhält in **10 Minuten** eine individuelle Einordnung in Deinem Reifegradmodell.

Beende das Self-Assessment mit einem **Handlungsaufruf**. Das kann der **Download der Ergebnisse** gegen Abgabe der E-Mail oder die **Kontaktaufnahme des Beratungsexperten** für weiterführende Diskussionen sein.

Welche wiederkehrenden Initialfragen von Beratungsinteressenten kannst Du in ein **Self-Assessment** verpacken? Welche Gestalt hätte das **Reifegradmodell**? Kunden sind an einer **Einschätzung** ihrer Rolle, ihres **Unternehmensbereiches** bzw. ihres **Projektthemas** interessiert. Nutze diese beständige Neugier.

Akquise Hack #37: Binde Signaturwerbung in E-Mails ein

„Neues Buch: Die Berater-Republik – Wie Consultants Milliarden an Staat und Unternehmen verdienen". Keine Frage: Die E-Mailsignatur von Thomas verfängt. Beiläufig hat er mich auf sein neues Buch aufmerksam gemacht. Eigentlich hatte ich nur eine E-Mail erwartet.

Integriere eine Neugier-weckende Botschaft in Deine Mailsignatur

Mit einer **Signaturwerbung** machst Du Empfänger Deiner E-Mails auf ein **Angebot Deiner Beratung** aufmerksam. Ergänze dazu die Signaturangaben mit einem **kurzen und unerwarteten Zusatztext** direkt über Deinen Kontaktdaten. Die Botschaft verweist per **Link** auf eine Webseite **mit weiteren Infos**.

Der aktiv, positiv und knapp formulierte **Signaturtext** kann...

- eine **aufrührende Frage**,
- ein **bewegendes Thema** in der Branche,
- die Bekanntmachung Deiner **gewonnenen Auszeichnung**,
- der Verweis auf Dein **neues Fachbuch**

oder ähnliches sein. Hauptsache der Leser empfindet **persönlichen Mehrwert**, wenn er sich mit der Aussage auseinandersetzt und per Mausklick bzw. Touch weitere Infos anfordert.

In wenigen Minuten erstellt, wird Deine elektronische Kommunikation zum dezenten und wirkungsvollen **Marketing-Botschafter**. Die **Werbung in eigener Sache** ‚klebt' am Inhalt der E-Mail und erreicht zielgenau Deine Empfänger. Sie wird nicht von Spam-Filtern, Sekretärinnen oder IT-Security Tools aussortiert.

Verknüpfe die Signaturwerbung mit einem **präparierten Link**. Dieser zeigt auf die Zielwebseite mit den Infos, lässt jedoch zusätzlich den Aufruf aus der E-Mailsignatur heraus mittels **Analytik-Software** eindeutig nachvollziehen.

Welche **E-Mailsignaturen** sind Dir in letzter Zeit aufgefallen? Welche Deiner unternehmerischen Aktionen ist für einen **breiten Verteilerkreis** relevant? Achte auf eine attraktive Gestaltung, die Deine Professionalität untermauert.

Akquise Hack #38: Schreibe ein Fachbuch

Webinar vom Wettbewerber. Über einen privates E-Mailkonto haben wir uns in die Veranstaltung eingeschlichen. Mit gezücktem Bleistift beobachten wir, wie der Marktbegleiter offene Probleme und seine Beratungsansätze präsentiert. Omnipräsent sind die vielen Buch-Cover im Hintergrund des Sprechers. Die Botschaft ist klar: Der Konkurrent möchte mit seinen Werken Knowhow kommunizieren, Erfahrung belegen und Vertrauen aufbauen.

Bringe Deine Expertise mit einem Fachbuch auf den Punkt

Mit einem Fachbuch untermauerst Du **Kompetenz** in Deinem Beratungsfeld. Dein Buch strahlt **Solidität, Autorität, Sachverstand und Fundierung** aus. Das eigene Werk ist ein exzellentes Mittel, um Dich vor Kunden und Partnern als **Themenexperte** zu positionieren, die **Meinungsführerschaft** zu beanspruchen und einen **Statussprung** hinzulegen.

Überlasse bei Darstellung, Aufbau und Inhalt nichts dem Zufall. Nachfolgend die Reihenfolge in der ein Interessent mit Deinem Buch in Kontakt tritt.

- **Cover** – auffallend und interessant
- **Klappentext** – anspruchsvoll und informativ
- **Inhaltsverzeichnis** – strukturiert und nutzenstiftend
- **Einführung** – überwältigend und abwechslungsreich
- **Über den Autor** – kompetent und vertrauensvoll
- **Hauptteil** – prägnant und nützlich
- **Schluss** – appellativ und belesen

Ob beim Bestands- oder Neukunden – Dein Fachbuch belegt **Tiefenwissen und Praxiserfahrung**. Einmal erstellt und auf den Markt gebracht, fungiert das Buch fortan als **günstiges (Wieder-)Einstiegsangebot** in Deine **Beratungsportfolio**.

Welche Deiner Case Studies, Whitepapers, Newsletter, Blogbeiträge und Projektergebnisse könntest Du zu einem **Fachbuch** synthetisieren? Wo siehst Du am **Buchmarkt** eine inhaltliche Lücke? Verdiene nicht mit dem Buch die Tantiemen, sondern über das Buch neue Kunden.

Akquise Hack #39: Nimm an Events teil

März 2022. Wir haben eine Hypothese: Kunden benötigen Hilfe bei der Entwicklung und Umsetzung einer IT-Strategie. Doch wie die Annahme verproben? Hannes hat eine Idee: „Lass uns doch einfach ein Webinar schalten, im Netz verbreiten und an unseren E-Mailverteiler ausspielen. Dann messen wir die Resonanz und erhalten weiterführende Fragen.". Gesagt getan.

Nutze Events für den persönlichen Kontaktaufbau

Als **Unternehmensberater** sind Events aus fünf Gründen für Dich relevant:

- **Interessenten**: Du kommst in persönlichen Kontakt zu Neukunden.
- **Branding**: Teilnehmer werden mit Deiner Marke bekannt.
- **Weiterbildung**: Du lernst über neue Probleme und Lösungen.
- **Netzwerk**: In kurzer Zeit triffst Du an einem Ort viele Kunden und Partner.
- **Marktanalyse**: Du erhebst Daten über Trends und Wettbewerber.

Auf den von **Dritten veranstalten Events** trittst Du als Teilnehmer, Speaker oder Aussteller auf. Ganz gleich ob Messe, Networking Dinner oder Fachkongress — Entscheidend ist Deine **Zielgruppe**. Du möchtest bei den Veranstaltungen teilnehmen, wo auch Deine **potentiellen Kundenzielgruppen** auftauchen.

Das **eigene Event** bedeutet mehr Aufwand, dafür liegen Aufmerksamkeit, Themen und Gäste vollständig unter Deiner Kontrolle. Starte klein, beispielsweise mit einem **Webinar**. Es folgen größere Formate wie das **Frühstücks- oder Feierabend-Meeting**, der **Halbtages-Workshop** und schließlich die **Mehrtageskonferenz**.

Genauso wichtig, wie das Event selbst, ist die **Vor- und Nachbereitung**. Setze Ziele, recherchiere die Teilnehmer, vereinbare Treffen und fasse im Nachgang bei den generierten Kontakten nach. Messe den **Erfolg der Zusammenkunft**.

Welche **Events im kommenden Quartal** sind für Deine Zielgruppe relevant? Wo tummelt sich Dein **Wettbewerber**? Starte heute mit einem Online-Event.

Akquise Hack #40: Quantifiziere Deinen Beratungserfolg

„Die Bilanz meiner Arbeit: 20 Jahre, über 250 begleitete Industriefirmen und öffentliche Institutionen, 10.000 Teilnehmende in Intensivworkshops, 10 Bücher". Chapeau. Der Berater versteht das Klappern. Die Geschäftswelt liebt Zahlen. Und er liefert ihr seine Erfolgsgrößen.

Stelle Deine Beratung und Erfolge durch Kennzahlen dar

Das **Marketingmaterial** von **Unternehmensberatungen** quillt über vor **Text**. Firmenpräsentation, Webseite, Broschüren, Whitepapers, Case Studies, Blogartikel – dies sind alles **qualitative Belege** für den eigenen Beratungserfolg.

Mit **Kennzahlen** stichst Du aus dem textuellen Einerlei heraus. Zahlen sind eindeutig. Zahlen sind vergleichbar. Zahlen lassen sich einfach merken und mitteilen. Zahlen beeindrucken. Typisch im **Consulting** sind 3 **Dimensionen**:

- **Kunden**, z.B. Trainingsteilnehmer, Zuschauer, Branchen, Geographien
- **Projekte**, z.B. Anzahl, Volumen, Stakeholder,
- **Unternehmen**, z.B. Mitarbeiter, Standorte, Größe, Umsatz

Nutze Kennzahlen, die für Deine **Zielgruppe** ein **Gradmesser des Erfolgs** sind. Beispielsweise für den **Vertrieb** bedeutend sind der Umsatz innerhalb eines Zeitraums, die Abschlussquote und der durchschnittliche Vertragswert. Wichtig in der **Produktentwicklung** hingegen sind die Nutzermenge, die Zeit bis zur Markteinführung oder die tägliche Nutzungsdauer im Durchschnitt.

Das von Dir genutzte Zahlenwerk sollte **plausibel und prüfbar** sein. Achte, dass es nicht zu viele KPIs werden. In der Praxis oft anzutreffen sind **drei, manchmal auch fünf Kennwerte**. Sorge für Konsistenz. Deine Unterlagen enthalten allesamt identische Zahlenangaben.

Welche **Zahlengrößen** sind für Deine Kunden das Nonplusultra? Wie lässt sich Dein **Consulting Wert** durch eine einzige Kennzahl präsentieren? Menschen wollen mit erfolgreichen Menschen zusammenarbeiten. Quantifiziere Deinen **Beratungserfolg**.

Akquise Hack #41: Mache die Kontaktaufnahme einfach

Bling. Eine E-Mail ploppt in meinem Postfach hoch. Sie ist von einem mittelständischen Energieanbieter aus Baden-Württemberg. Frau Junghans sucht Beratung zur Ist-Erfassung der IT-Landschaft. Innerhalb von 60 Minuten erhält sie eine Antwort mit einem Link für die Reservierung einer Videokonferenz. Bereits übermorgen haben wir unser Kennenlerngespräch.

Erleichtere einem Interessenten mit Dir in Kontakt zu treten

Kunden balancieren etliche Themen. Gleichzeitig. Da möchtest Du die Deine **Kontaktaufnahme** zur **Anforderung nach Unterstützung** so einfach und schnell wie möglich machen. Baue **unnötige Barrieren** ab.

- Platziere ein Erstkontaktmöglichkeit prominent und stets einsehbar auf Deiner **Firmen-Webseite**.
- Versieh Dein **Marketingmaterial** wie Fallstudien, Konferenzvorträge oder Marktanalysen mit Deinen Kontaktdaten nebst Porträtfoto.
- Füge Deine **E-Mail-Signatur** an elektronische Korrespondenz an.
- Biete die Möglichkeit einer **Online-Terminvereinbarung**. Der Kunde wählt den 30-minütigen Austauschtermin, der gut in seinen Kalender passt.
- Mache Dich bei **Suchmaschinen, Kartendiensten und Content-Plattformen** mit Deinen aktuellen Kontaktinfos auffindbar.

Ein Kunde soll rasch und unkompliziert mit Dir in Kontakt treten können und erste Beratungshilfe erhalten. **Geschwindigkeit** macht den Unterschied. Noch mehr in einer **digitalen Welt**. Noch mehr als **kleine und mittlere Beratung**. Dein unfairer Vorteil als Consulting Boutique gegenüber den Top-Beratungen: Speed.

E-Mailing. Videokonferenzen. Business Netzwerke. Messenger Gruppen. Mobiltelefon. Über die Jahre sind die Möglichkeiten des Austauschs beständig gewachsen. Achte auf **Konsistenz Deiner Kontaktkanäle**. Jeder Kanal bedarf aktive Betreuung. Streiche Überflüssiges.

Wie einfach kann Dich ein **potentieller Kunde** kontaktieren. Wieviel Zeit verstreicht, bis dieser eine Antwort von Dir und damit eine **erste Kostprobe Deiner Beratung** erhält? Eliminiere oder zumindest senke alle **technischen Hürden**, sich mit Dir in Verbindung zu setzen.

Vertreiben

Vor Ort, Remote & Hybrid

„Jeder Verkauf hat fünf Hindernisse:
keine Notwendigkeit, kein Geld, keine Eile, kein Wunsch, kein Vertrauen.“

- Hilary Hinton Ziglar, US-amerikanischer Autor, Verkäufer und
Motivationsredner

Akquise Hack #42: Verankere praktischen Vertrieb

„Papi, was ist eigentlich Vertrieb?" Mein Sohn und ich stehen in der Küche am Herd, vor uns ein großer Topf mit kochendem Spaghetti-Wasser. Ich überlege. „Stelle Dir Vertrieb wie den Kochtopf hier vor. Der Topf ist Deine Firma und ihr Angebot. Das Feuer die Energie, die Du für den Vertrieb aufwendest. Das Wasser steht für die potentiellen Kunden. Dein Ziel ist ein Überkochen des Wassers. Aus Interessenten werden zahlende Kunden. Bei Vertrieb sorgst Du ständig dafür, dass das Wasser im Topf am Kochen bleibt. Zudem schüttest Du neues Wasser hinzu. Irgendwann kocht das Wasser über.". Mein Sohn nickt.

Mache den Vetrieb in der Praxis zur Alltagsaufgabe

Deine **Mission im Beratungsvertrieb**: Die Überführung von Interessenten in bezahlende Kunden.

- Vertrieb ist **Praxis** und entsteht nicht nach tagelangen Strategiesitzungen am Reißbrett. Gehe raus und suche den Dialog mit potentiellen Kunden.
- Vertrieb ist ein **Volumensport**. Mache die Disziplin zur Daueraufgabe. Etabliere Vertriebsgewohnheiten wie Neujahrskarten, Wochenanrufe etc.
- Vertrieb ist **Ausprobieren**. Variiere Deine Nutzenbotschaften. Verfeinere Deinen Kooperationsvorschlag. Gemeinsam mit, am und für den Kunden.

Vertrieb heißt machen. Gehe auf **potentielle Beratungskunden** Deiner Zielgruppe zu und nutze **Absagen** als **Datenpunkt** für Dein Beratungsangebot.

Wofür geben Deine **Beratungsinteressenten** ihr Geld aus? Wie pragmatisch ist Dein **Vertriebsansatz**? Nicht theoretisieren. Sondern einfach machen.

Akquise Hack #43: Halte Dein Beraterprofil aktuell

Freitag 15:30h. Ich bin k.o. Die Woche war lang und aufreibend, Erholung ist in Sicht. Blink. Eine E-Mail landet in meinem Postfach. Die Partnerberatung sucht einen Enterprise Architekten für einen Kunden im Logistikgewerbe. Für eine Bewerbung wird das Beraterprofil benötigt. Einsendeschluss diesen Sonntag. Das ist bereits übermorgen. Und jetzt? Wochenendarbeit?

Halte ein aktuelles und attraktives Beraterprofil bereit

Mit dem **Beraterprofil** dokumentierst und kommunizierst Du Deine **Kompetenzen**, Deine **Erfahrungen** sowie Deinen **Nutzen** für ein geplantes oder bereits laufendes **Projekt**. Vorrangig bringst Du die Unterlage in **Beratungsangeboten** und **Akquiseterminen** zum Einsatz.

Die Struktur und Inhalte eines Beraterprofils sind von Beratung zu Beratung verschieden. Grob untergliedert sich der Steckbrief in **Personendaten mit Nutzenversprechen**, **Schlüsselprojekte**, **Kompetenzen**, **Branchenerfahrung** und **Sprachkenntnisse**. Während ein **Kurzprofil** auf einer Folie Platz findet, beschreibst Du mit einem **Langprofil** Dein Angebot auf mehreren Seiten.

- Pflege an zentraler Stelle ein **Master-Profil**. Von dieser Quellfassung leitest Du **kundenspezifische Beraterprofile** bedarfsorientiert ab.
- Setze Dir im **Halbjahresrhythmus einen Pflegetermin** in den Kalender. In 30 Minuten aktualisierst Du den Steckbrief aus Kundenperspektive.
- Aktualisiere das Profil gemeinsam mit einem Kollegen. Erhalte eine Sicht **von außen** sowie zusätzliche Motivation.

Oft prägt Dein Beraterprofil den **ersten Eindruck** den ein **neuer Auftraggeber** von Dir erhält. Setze analog einer Jobwerbung alles daran, dass dieser **Initialkontakt** sitzt und zum Erfolg führt. Orientiere Dich an den Darstellungen anderer Consultants.

Wann hast Du Deinem Beraterprofil das letzte Mal ein **Update** verpasst? Welches **Feedback** gibt Dir ein Dritter auf den Steckbrief? Dein Profil ist die erste **Arbeitsprobe**. Lege Dich ins Zeug und liefere **Premiumqualität** ab.

Akquise Hack #44: Vertreibe zu Beginn über Vermittler

Mai 2019. Unsere Firma steht. Formal. Wir haben ein Wertangebot, aber keine zahlenden Beratungskunden. Bei den großen Firmen wie BMW und Siemens sind wir nicht als Dienstleister gelistet. Kleine und mittlere Unternehmen kennen uns nicht. Beim Umsatz tut sich für die ersten 6 Monaten nichts. Richtig. Nichts. Kein Leistungsverkauf – für ein volles halbes Jahr. Um endlich Projektaufträge an Land zu ziehen, beschließen wir über Bande zu spielen.

Lasse Dich zu Beginn von Vermittlern in Projekte bringen

Gerade zu Beginn der Consulting Karriere fällt es schwer Kunden zu akquirieren. Dein **Beratungsunternehmen** ist unbekannt, die **Referenzliste** klein, das **Kundennetzwerk** dünn.

Auch wenn es an Ehre und oft auch am Tagessatz kratzt: Lasse Agenturen, Online-Plattformen und großen Beratungspartner in die Lücke springen und die **Akquisearbeit** für Dich erledigen.

- Listete Deinen CV auf **Consulting Plattformen**, poliere Deinen Auftritt in den **Business Netzwerken** und versorge **Partnerdatenbanken** mit Deinem Profil.
- Halte ein 1A gepflegtes **Beraterprofil** mit Referenzprojekten und Kunden-/Partnerstimmen für Kurzfristanfragen bereit.
- Falls Du die Anfragen der Intermediäre nicht bedienen kannst oder willst, bietest Du die Weiterleitung an Dein **Kontaktnetzwerk** an.

Vermittler liefern Dir offenen **Beratungsbedarf** und einen **Kundenzugang**. Analysiere das **Kleingedruckte** der **Consulting Broker** zu den Leistungen, Verpflichtungen und Preisen ihrer Dienstleistung. Liegen erst einmal mehrere dotierte **Mandate** hinter Dir und füllt sich Dein Adressbuch mit **Entscheiderpersonen**, dann fährst Du die Kooperation mit den Zwischenstellen zurück und entwickelst Deine **eigenen Kontakte und Marke**.

Hast Du eine Handvoll Vermittlern, auf die Du bei **kurzfristiger Projektflaute** ausweichen kannst? Wie aktuell sind Deine **Online- und Offline-Auftritte**? Akquiriere **erste Kundenprojekte und -zugänge** über Vermittler.

Akquise Hack #45: Zapfe Dein Kontaktnetzwerk an

Unmöglich. Wieder eine Absage. Ich starre auf die E-Mail. Mit einem Zweizeiler schlägt der Interessent unser Angebot aus. Herbst 2019. Unsere Consulting Akquise läuft schleppend. Ich überlege. Warum eigentlich nicht unseren Netzwerkpartner Michael kontaktieren. Vielleicht kennt der jemanden, der wiederum jemanden kennt.

Entwickle und nutze Dein professionelles Netzwerk

Du hast mehr **geschäftliche Kontakte**, als Du zunächst vermutest. Beziehst Du zusätzlich die **Kontakte zweiten Grades** ein, kommt eine stattliche Zahl von Vertriebsunterstützern zusammen. Auch wenn Dir nur ein Bruchteil direkt mit einem Beratungsprojekt weiterhelfen kann, so erhältst Du zumindest einen **Angebotstipp**, eine **Projektidee** oder eine **Kundenvermittlung**.

Bevor Du jede Person aus Deinem Customer Relationship Management System anschreibst, qualifizierst Du die **Business Bekanntschaften** mittels zwei Fragen:

- Wie gut ist meine **Beziehung** zu einer **Person**?
- Wie hoch ist die **Wahrscheinlichkeit**, dass mir diese Person unmittelbar mit einem **Engagement** helfen kann?

Starte bei der Kontaktaufnahme mit den vielversprechendsten Verbindungen – alle Personen, zu denen Du eine **gute Beziehung** pflegst und die Dir mit hoher Sicherheit ein **Beratungsprojekt** vermitteln können.

Fokussiere Dich auf Kontakte mit Deinem **Branchenhintergrund**, Dir vertrauten **Aufgabenfeldern**, Deinem **Wohnort**. Erweitere dann systematisch. Frage auch nach den direkten Kontakten Deiner Kontakte. Je persönlicher Dein **Weg der Kontaktaufnahme**, desto besser.

Auch Deine **Geschäftskontakte** stehen vor **Herausforderungen**. Versetze Dich in ihre Lage. Stelle **Fragen** und höre zu. Vielleicht könnt ihr Euch gegenseitig mit **Anregungen**, **Hinweisen** oder **kleinen Gefallen** weiterbringen.

Was kannst Du Deinen **Kontakten** heute geben? Wer aus Deinem Netzwerk ist Dir noch einen **Gefallen** schuldig? Netzwerk, Netzwerken, am Netzwerksten.

Akquise Hack #46: Lasse Dich ins Gespräch bringen

Wow. Ein gemeinsamer Artikel mit einem Industriekunden im Harvard Business Manager. Das ist ein doppelter Ritterschlag. Ich inspiziere die Webseite des Managementberaters. Kein Zweifel: Dieser versteht sein Handwerk. Lasse Dritte zustimmend über Dich sprechen und Neukunden sehen Dich in einem ganz anderen Licht. Akquise im Partnerverbund.

Baue über Partner eine unwiderstehliche Sogwirkung auf

Bist Du einem **potentiellen Neukunden** unbekannt, fällt der **Beratungsvertrieb** schwer. Der mögliche Klient kennt Dich nicht, warum sollte er seine knappe Zeit und Aufmerksamkeit auf Dich verwenden? Lasse (scheinbar) **unabhängige Dritte** die **Anbahnungsarbeit** für Dich erledigen. Drei Schritte:

1. Sorge für eine **positive Presse-Berichterstattung** in einem Medium, das auch von Deinem Zielkunden konsumiert wird. Je größer der Lobgesang und je bekannter die Content-Marke, desto besser.
2. Veranlasse einen Geschäftspartner, Kundenmitarbeiter bzw. Kundeskunden den **Kundenentscheider** auf die Positiv-Presse hinzuweisen und lobend über Deine Consulting Services zu sprechen.
3. Erwarte die **Anfrage des Kundenentscheiders**. Falls eine Reaktion innerhalb eines Monats ausbleibt, nimmst Du den Kontakt auf, triffst dann aber auf eine positive Grundstimmung.

Durch das **Spielen über Bande** verläuft Deine Akquise nicht mehr eiskalt, sondern mindestens lauwarm. Mit der zustimmenden Presseerstattung auf der Haben-Seite kannst Du das Vorgehen auf **mehrere Kundenorganisationen** gleichzeitig ausrollen.

Welcher Partner kann Dich bei **interessanten Zielkunden** ins Spiel bringen? Wo hast Du Kontakte zu **Journalisten**, die Deine Botschaften multiplizieren können? Entwickle **Sogwirkung** und lass Dich von zukünftigen Kunden kontaktieren.

Akquise Hack #47: Agiere im Beratungsteam

„Kannst Du helfen?". Manon blickt mich bittend an. „Mir sitzen beim Kunden jetzt schon drei Personen gegenüber. Fragen stellen. Mitschreiben. Konzepte präsentieren. Das wirkt langsam unglaubwürdig.". Ich seufze. Eigentlich habe ich genug um die Ohren. Auf der anderen Seite verstehe ich Manon. Es ist ihr erstes Proposal für einen Konzern. Ein wichtiger Auftrag.

Gewinne bedeutende bzw. große Beratungsprojekte im Team

It takes a Village to win a new Consulting Client. **Neue Beratungskunden** zu gewinnen ist ein **Teamsport**. Je größer und wichtiger das Mandat und die Firma des Kunden, desto mehr Personen sollten Dir in der Akquise zur Seite stehen.

Die **Einbindung mehrere Consultants** in den **Vertriebsprozess**...

- zeigt dem Kunden die Komplexität seines **Vorhabens** („Für Deinen Auftrag *sind die Kompetenz und Manpower mehrerer Berater erforderlich.")*,
- schätzt die **Kundenperson** wert (*„Für Dein Problem scheuen wir keine Kosten und Mühe und fliegen weltweit Experten ein.")* und
- signalisiert den Kunden hohe **Verfügbarkeit** im Projekt (*„Sollten Berater krank werden oder in den Urlaub gehen, läuft Dein Projekt 100% weiter.")*.

Sobald an der **Bedarfsermittlung mehrere Kundenmitarbeiter** beteiligt sind, solltest Du darüber nachdenken in die Akquise **weitere Consultants** einzubeziehen. Team berät Team. In der **Personalstärke und Kompetenzdichte** agieren der Kunden und Deine Mannschaft auf **Augenhöhe**.

Vertrieb im Team hat auch für Dich Vorteile. Eine gemeinsame Akquise entlastet Dich operativ und mental. Auch steigt die **Qualität des Consulting Angebots**, das nun eine Gemeinschaftsarbeit ist. Schließlich gibst Du dem potentiellen Kunden bereits in der Akquisephase die Möglichkeit eine **Vertrauensbeziehung zu mehreren Beratern** aufzubauen. Das ist gut für die mögliche **Ausweitung des Mandats** und eine damit verbundene Einführung zusätzlicher Externer.

Wer ist fester bzw. loser Teilnehmer Deines **Vertriebsteams**? Welche Rollen kommen den **Beratern** zu? Genau eine Person ist der **Akquiseverantwortliche**.

Akquise Hack #48: Vertreibe bei Managern

Den Chief Information Officer (CIO). Den Chief Architect. Die IT-Projektleiter. Wen sollen wir mit unserem Beratungsprodukt ‚Einführung Enterprise Architecture Management' ansprechen? Die Ergebnisse werden vom Chief Architect auf Basis der Inputs der IT-Projektleiter erstellt und unterstützen den CIO. Gar nicht so einfach. Wir entscheiden uns für den Chief Architect.

Vertreibe Deine Beratung beim mittleren Management

Wie **Stefan Merath** in seinem Buch **Der Weg zum erfolgreichen Unternehmer** einprägsam beschreibt, triffst Du im Kundenunternehmen auf **drei Rollen**.

- **Unternehmensführung** (C-Level): Definiert die Vision und denkt an die Zukunft. Bei der Themenvielfalt bleibt Dir nur wenig Aufmerksamkeit. Lasse Dich zum Management vermitteln und nutze das eingeworbene Mandat.
- **Management** (VP-Level): Handelt im hier und jetzt. Getrieben von Zielvorgaben und Projekten sind Deine Ergebnisse und ihr Nutzen wichtig.
- **Fachkräfte** (Staff-Level): Setzt beschlossene Aufgaben um. Agiere auf Arbeitsebene, hier findet der Wandel statt.

Akquiriere **Beratungsprojekte** beim Management. Auf diesem Level herrscht Lieferdruck heute für Erfolge zu sorgen. Auch verfügen die Manager in der Regel über die notwendige **Budget- und Beauftragungshoheit**, agieren zugleich als **Initiator und Sponsor**.

Eine Treppe kehrst Du am besten von oben nach unten. Steige bei Deiner Ansprache in der Hierarchie besser eine Stufe zu hoch ein. Im Idealfall erhältst Du eine **Einführung durch die Führungskraft**, die mangels Zeit Dein Thema an ihre zugeteilten Manager bzw. Fachkräfte runterdelegiert. Nutzen den vom Chef ausgehenden Rückenwind und gehe dem ‚strategischen Top-Auftrag' nach.

Welche **Rolle im Unternehmen** adressierst Du mit Deinem Consulting Marketing- und Vertriebsaktivitäten? Sind dies die **richtigen Akteure**? Wende Dich mit Deiner Akquise ans **Management**.

Akquise Hack #49: Achte auf die Verteilung der Budgets

Februar 2022. Der deutsche Bundeskanzler Olaf Scholz ruft die Zeitenwende aus. Der Bundeswehr wird ein Sondervermögen von 100 Milliarden eingeräumt. Ein Geschäftspartner berät seit vielen Jahren die IT der Gesundheitsversorgung der Bundeswehr. „So viele Beratungsanfragen wie letzten Monaten haben wir noch nie erhalten. Plötzlich gibt es überall Budgets".

Behalte die Projektbudgets im Kundenunternehmen im Blick

Wo im **Kundenunternehmen** die Budgets liegen, dort entstehen auch **Beratungsprojekte**. Zwei Ebenen sind möglich:

- **Unternehmensführung**: Strategische Budgets für große Programme, oft mit Paketen bis zu mehreren Millionen Euro Umfang.
- **Management**: Budgets der Fachbereiche für kleinere und mittlere Projekte, bei Paketgrößen bis rund 200k Euro.

Budgets bedeuten **Gestaltungsspielraum**. Achte auf die **Mittel- und damit Machtverschiebungen**, die sich auf Basis kundenexterner und -interner Ereignisse vollziehen. Krisen wie Covid-19 oder Geschäftsentscheidungen wie einem Zukauf wirken sich auch mittelfristig auf die Budgetverteilung aus. Gelder wandern **vertikal und quer** in der Kundenhierarchie.

Frage den Kunden offen an. Wo liegen die **Prioritäten** im Team, Bereich bzw. Unternehmen? Welche Investitionen möchte die Firma anstoßen? Aus welchen **Geschäftsfeldern** will man sich zurückziehen? Je genauer Deine Informationen zum Kunden, desto besser kannst Du seine **zukünftige Budgetallokationen** antizipieren. Folge den **Pfad des Geldes** und Du wirst auf **Beratungsprojekte** stoßen.

Wofür geben Deine Bestandskunden morgen ihre **Budgets** aus? Was sind die neuen **Ziele** Deines Kunden? Fasse im **letzten Jahresquartal** nach. Oft müssen dann noch Budgets ausgegeben werden, da die Volumen sonst für das Folgejahr zusammenschrumpfen.

Akquise Hack #50: Vollziehe Entscheidungsstrukturen nach

„Wer entscheidet über unseren Zuschlag. Hat diese Person ein Budget? Wer muss dem Vorschlag zustimmen?". Fragend schaue ich Anja und Tobias an. August 2017. Wir tüfteln an einem Proposal. Beide Kollegen zucken mit den Achseln. „So geht das nicht. Angebotsinhalt ist das eine, Entscheidungsbeteiligte und -wege das andere.".

Mache Entscheidungsstrukturen im Kundenteam transparent

Meist entscheidet nicht eine einzelne Kundenperson über Deine Beauftragung. Vielmehr ist ein gesamtes **Kundenteam** – das **Buying Center** – beschäftigt die **optimale Beraterwahl** für das eigene Unternehmen zu treffen. Matthew Dixon, Brent Adamson, Pat Spenner und Nick Toman sprechen in ihrem Buch The Challenger Customer von **5.4 Personen**, die durchschnittlich in eine **Entscheidung im Geschäftskundenumfeld** involviert sind.

Diese **verschiedenen Kundenpersonen...**

- besitzen für die Vergabe unterschiedliche **Entscheidungskompetenzen**,
- nehmen gegenseitig aufeinander **Einfluss** und
- sind Deinem **Beratungsangebot** positiv, neutral oder negativ eingestellt.

Visualisiere diese **Gemengelage**. Wer entscheidet? Bei wem liegt das **Budget**? Wer ist Nutznießer? Wer beeinflusst wen im Guten oder Schlechten bzgl. Deines **Beratungsangebots**? In seinem Buch **Relationship Sells** bezeichnet **Ingo Kett** die Darstellung der Stakeholder als **Power Map**. Akteure werden als Rechtecke, Beziehungen als gerichtete Pfeife illustriert.

Vollziehe auf Basis einer ausgearbeiteten Power Map nach, in welcher Reihenfolge Du mit wem zu welchen **Angebotsthemen** sprechen solltest. Wer ist für welche **Botschaft** empfänglich? Wer kann Deine **Beauftragung** unterstützen? Womit lässt sich der **Entscheider** positiv beeinflussen?

Wie setzt sich das **Buying Center** Deines aktuellen Kunden zusammen? Wenn kannst Du für Folgeaufträge als **Verbündeten** gewinnen? Optimiere die Interaktionen mit denen am **Vergabebeschluss** beteiligten Schlüsselpersonen.

Akquise Hack #51: Ermittle den Sponsor und dessen Bedarfe

Schon wieder eine Absage auf das Beratungsangebot. Ende 2019. Ich bin frustriert. Auch die IT-Abteilung einer Baden-Württembergischen Landesbehörde erteilt unserem mühsam konzipierten Consulting Proposal eine Abfuhr. Unsere Hit-Rate – die Akzeptanzquote von Angeboten – liegt bei 0 %. Jeder Vorschlag, eine Ablehnung. Was machen wir nur falsch?

Erfasse die persönlichen Bedarfe beim Sponsor der Beratung

Der Sponsor bezahlt Dein Beratungsengagement. **Alan Weiss** nennt die Rolle daher in seinem Buch **Million Dollar Consulting** den ‚Economic Buyer'. Für Top-Projekte triffst Du Sponsoren auf der Unternehmensführungsebene, für Brot & Butter Projekte auf der Managementebene an.

Ohne Budget, keine Beratung. Der Sponsor ist die Schlüsselperson für Deinen Vertrieb. Identifiziere vor Bewerbung um ein Mandat unbedingt diesen einen Akteur und die **individuellen Anforderungen**. Stelle dazu drei offene W-Fragen.

- **Sponsor**: Wer finanziert das Beratungsmandat?
- **Budget**: Wie hoch ist das Beratungsvolumen?
- **Bedarfe:** Was ist dem Sponsor persönlich wichtig?

Im Idealfall sind **Projektinitiator, Champion** und **Sponsor** identisch. Daher: Ein und dieselbe Person stößt die Änderung im Kundenunternehmen an, befürwortet Deinen Einsatz und besitzt direkten Zugriff auf die Kasse.

Der B2B Marketing- und Vertriebstrainer Stephan Heinrich empfiehlt ein Angebot nur dann abzugeben, falls Du zuvor mit dem Sponsor interagiert hast. Diese Person hebt oder senkt den Daumen bzgl. Deiner Beauftragung und sollte immer abgeholt werden.

Welche Consulting Budgethalter stehen in Deinem **Adressbuch**? Mit welchen **Fragen** ermittelst Du die spezifischen Anforderungen Deiner Sponsoren?

Akquise Hack #52: Suche einen Champion

Auf Johannes kann ich mich verlassen. Der hilft mir.
Ich gehe durch die Liste der Stakeholder im Kundenprojekt und prüfe jede
Person auf ihren Einfluss sowie ihrer Beziehungsqualität zu mir. Johannes
Worte haben Gewicht. Er spricht sich offen für mich als Berater aus. Er tickt wir
ich. Johannes – Du bist mein Champion.

Halte im Kundenunternehmen Ausschau nach einem Champion

Halte beim Kunden Ausschau nach einem **Champion**. Dieser Fürsprecher...

- ist begeistert von Deiner **Firma** und favorisiert Deine Beratung.
- besitzt tiefes **Verständnis** zum Kundenproblem und Deiner Lösungen.
- hat hohen disziplinarischen oder zumindest sozialen **Einfluss** auf das Team.

Ein Champion kennt die **Entscheidungswege beim Kunden** und gibt persönliche **Präferenzen der Akteure** und **Fettnäpfchen im Auswahlprozess** bereitwillig an Dich weiter. Analog einem vertrauten Kollegen unterstützt er Dein Vorankommen mit **Insider-Informationen** zu seinem Unternehmen.

Ein Champion ist **Nutznießer Deiner Beratung** – im Alltag, im Projekt, in der Karriere. Gerne erntet er den Ruhm und die Anerkennung, die mit dem Erfolg Deiner Intervention einhergehen. Achte auf **Entwicklungen des Champions**. Verlässt dieser das Unternehmen, schwächt das Deine Position. Steigt der Champion hingegen die interne Karriereleiter empor, profitierst Du.

Wer steht Dir im **Kundenunternehmen** wohlgesonnen gegenüber? Wer spricht sich mit **gewichtigen Worten** positiv für Deine Beauftragung aus? Im Idealfall unterstützen Dich **mehrere** im Kundenunternehmen verteilte **Champions**.

Akquise Hack #53: Erfülle die Bedarfe der Beeinflusser

2016. Angebotspräsentation beim Automobilhersteller. Wir sitzen an einem langgestreckten Tisch. Gegenüber: der Kunde. Links von ihm: ein Anzugträger, Typ Managementberatung. Dieser erhebt sich und stellt sich uns als Oliver Lennhard vor. Nicht der Kunde, sondern Lennhard führt durch den Termin. Er sei hier, um gemeinsam mit dem Kunden den optimalen Match zwischen Beratung und Kundenunternehmen herzustellen. Für uns ist die Lage klar: Oliver Lennhard beeinflusst den Kunden in der Auswahl.

Komme den Auswahlanforderungen der Beeinflusser nach

Ein **Beeinflusser** wirkt auf den **Entscheidungsprozess** eines Kunden für oder gegen Deine Beauftragung. In der Praxis gängig sind folgende Ausprägungen:

- **Interne Fachkräfte**, die mit dem beauftragten Beratungsunternehmen im Projekt zusammenarbeiten werden.
- **Interne Manager**, die Erfahrungen in der Zusammenarbeit mit externen Beratern gemacht haben und diese bei der Beauftragung einbringen wollen.
- **Externe Beratungen**, die den Beratungsmarkt kennen und den Auswahlprozess steuern.

Beeinflusser entscheiden nicht, können sich aber vor dem Kunden für oder gegen Dich aussprechen. Agiere professionell. Versorge die Einflussnehmer mit den **geforderten Informationen**. Fundiert, objektiv und zuvorkommend. Erwarte im Gegenzug **keinerlei Unterstützung**.

Von welchem ‚guten' Kollegen lässt sich Dein Bestandskunde bzgl. der **neuen Projektbesetzung** beraten? Welche ‚unbekannte' Macht flüstert beim **Beauftragungsprozess** vom Hintergrund aus ein? Spüre **verdeckte Beeinflusser** auf und adressiere deren Auswahlbedarfe.

Akquise Hack #54: Entzaubere Deine Wettbewerber

Eine Ausschreibung liegt auf unserem Tisch. Sie ist von einem großen internationalen Automobilhersteller. Das beschriebene Consulting Mandat umfasst mehrere Fachbereiche, die Laufzeit ist auf drei Jahre für fünf Berater angelegt. Keine Frage: Das Projekt ist lukrativ. Doch können wir die Anfrage mit unserer Firma überhaupt gewinnen?

Kenne und entkräfte Deine Beratungskonkurrenz

Als **Unternehmensberatung** bist Du ein **Wirtschaftsunternehmen** und stehst damit in Konkurrenz zu **weiteren Marktbegleitern**. Greg Alexander zählt in seinem Buch The Boutique: How to Start, Scale, and Sell a Professional Services Firm fünf Typen von Wettbewerbern für kleine und mittlere Beratungen auf.

- **Status Quo**: Der Kunde verzögert das Projekt oder annulliert es komplett. Zeige den entgangenen Nutzen sowie das Risiko des Nichtstuns auf.
- **Do-it-yourself**: Der Kunde setzt das Projekt mit vorhandenem Personal um. Verweise auf die erforderliche Kapazität, Expertise und Neutralität.
- **Spezialisten**: Der Kunde plant das Engagement einer KMU-Beratungen. Stelle Deine Alleinstellungsmerkmale und den Kundennutzen heraus.
- **Top-Beratung**: Der Kunde möchte eine der Big 5 Firmen verpflichten. Punkte durch Geschwindigkeit, Augenhöhe und Preis.
- **Andere**: Der Kunde liebäugelt mit neuem Personal und geeigneten Softwaretools. Zeige die Nachteile und Risiken der Alternativen auf.

Laut Alexander konkurriert Deine Beratungsboutique vorranging mit dem Status Quo (40%) und einer Do-it-Yourself Mentalität (30%). Erst dann folgen die Spezialisten (20%) bzw. Top-Beratungen (5%).

Weshalb entscheidet sich ein Kunde gegen Dein **Beratungsangebot**? Welche Mittel führst Du gegen diese **Konkurrenz** ins Feld? Bringe Deine Wettbewerber in Erfahrung und entwickle **Gegenmaßnahmen**. Bei Ausschreibungen sind das vergleichbare Beratungsfirmen, bei Einzelanfragen der Status Quo und Do-it-yourself.

Akquise Hack #55: Lenke den Kunden vom Wettbewerb weg

Angebotsvorstellung beim Neukunden. Bisher lief alles großartig. Bevor wir schließen, hat einer der Kundenvertreter eine letzte Frage: „Was macht Ihre Beratung denn besser als der Wettbewerb?". Achtung Falle. Ich hoffe Julia tappt nicht rein. Doch sie stammelt und beginnt einen Vergleich zu ziehen. Ab jetzt steht der Elefant im Raum. Ich muss Schaden begrenzen.

Thematisiere Kundenproblem und Lösung, statt den Wettbewerb

Thematisiere im Dialog mit dem **potentiellen Kunden** niemals die **Konkurrenz** – weder anerkennend, abschätzig oder neutral. Niemals. Sprichst Du über den Wettbewerb, lenkst Du die **Aufmerksamkeit** des Mandanten weg von seinem **Problem** und Deiner **Lösung**, hin zur **Alternative**. Das Risiko der Gegenüberstellung entsteht. Oder wie der Managementautor Reinhard K. Sprenger schrieb: *„Der Tod jedes Glücks ist der Vergleich".*

Spricht der **Interessent** einen **spezifischen Wettbewerber** und dessen Vorzüge an, bringst Du die **Competitive Battle Card** zum Einsatz. Das Vertriebstool entkräftet aufgezählte Vorteile eines spezifischen Wettbewerbers und lenkt das Gespräch zurück zum Kunden und Dir. Auf **drei Spalten** bereitest Du vor:

- **Außendarstellung** des Konkurrenten (Spalte 1, *„What they say"*) wie Wachstumsambitionen, Kundenzufriedenheit oder Tagessatz.
- **Gegenantwort** Deiner Beratung (Spalte 2, *„What we say"*) wie eigene Fallbeispiele, bestätigte Kundenberichte oder Studien externer Quellen.
- **Vorteile** Deiner Firma (Spalte 3, *„Where we perform"*) wie Kompetenzschwerpunkte, Ausbildungszertifikate oder Expertennetzwerk.

In Ergänzung demontierst Du den Konkurrenten – nicht direkt, sondern **über Bande**. Nutze dazu Sätze wie *„Wie uns Kunden berichten ist der Wettbewerber aktuell mit sich selbst beschäftigt und verliert kluge Köpfe."* oder *„Erst kürzlich konnten wir zwei Mitarbeiter des Konkurrenten gewinnen. Diese begrüßen unseren strukturierten Beratungsansatz.".*

Welche **Strategie** verfolgst Du, falls ein Interessent offen über die Mitwerber spricht? Wie grenzt sich Deine Firma kundenwirksam gegen **Konkurrenten** ab?

Akquise Hack #56: Gewinne gegen die Stammberatung

Null Chance. Da landen wir keinen Stich. April 2023. Eine Ausschreibung liegt vor mir. Gesucht wird eine Beratung, die bei der Weiterentwicklung der IT-Systemlandschaft unterstützt. Eine Webrecherche offenbart: Die Kundin arbeitet bereits mit Externen. Braucht der Kunde nur ein Vergleichsangebot? Oder können wir doch etwas drehen? Vielleicht besteht ein Wechselzwang...

Verdränge mit Innovation und Verbesserung die Bestandsberatung

Aus mehreren Gründen beschließt ein **Kunde** das **etablierte Beratungshaus** auszuwechseln, um es anschließend mit Deiner Consultancy zu versuchen.

- **Innovation**: Du bringst frischen Wind mit neuen Methoden, Tools, Fachexpertise sowie Kontaktpersonen in das Mandat ein.
- **Verbesserung**: Du löst für den Kunde ein Problem, welches die Bestandsberatung bislang nicht beseitigen konnte.
- **Neutralität**: Deine Beziehung zu Personen, Prozessen und Systemen ist unvorbelastet. Frei, neutral und unvoreingenommen gehst Du ans Werk.
- **Preis**: Gegenüber der Stammberatung rangiert Dein Tagessatz auf einem attraktiveren Niveau.

Um eine etablierte Beratung zu verdrängen, lenkst Du den Kundenfokus auf **Modernität**, **Wandel**, aktuelle **Standards und Entwicklungsmöglichkeiten**. Erfasse beim Kunden zudem Aufgabenfelder, bei denen er mit seiner Stammberatung unzufrieden ist. Betone **Chancen und Möglichkeiten** und stelle **erprobte Lösungen** für ungedeckte Probleme in Aussicht. Zeige zudem einen **Transitionspfad der Übergabe** zwischen alter und neuer Beratung auf.

Eine Stammberatung zu verdrängen ist ein beschwerlicher Weg. Deine **Offerte** sollte progressiv, kreativ und unkonventionell ausfallen. Versuche nicht sofort den Platzhirsch zu verdrängen, sondern zunächst über **Pilotprojekte** einen **Fuß in die Kundentür** zu bekommen. Anschließend baust Du Deine Präsenz aus.

Wo sieht ein Nicht-Kunde bei den Stammberatern ein **Verbesserungspotential**? Wo muss ein Klient wegen interner **Vorgaben** die Ist-Beratung austauschen? Denke in der **10x-Formel**. Erst wenn Du zehn Mal besser bist, als der **Platzhirsch**, veranlasst dies den Kunden umzudenken und zu Dir zu wechseln.

Akquise Hack #57: Bereite Termine exzellent vor und nach

„Freestyle-Modus. Was soll der Kunde von uns denken?". Ich schaue Marion skeptisch an. Gerade eben bat der Kollege mich ihn in einen Vertriebstermin zu begleiten. Das Problem: Die Videoschalte mit dem Interessenten beginnt in 20 Minuten. Unsere Zeit für Rollenklärung, Kundenprofiling und Präsentationszusammenstellung ist praktisch null.

Organisiere und absolviere persönliche Termine auf Top-Niveau

Ganz gleich ob **Erstgespräch**, **Bedarfsermittlung**, **Angebotspräsentation** oder **Preisverhandlung**: Bei jedem **persönlichen Akquisetermin** mit einem potentiellen Kunden gibst Du eine **Arbeitsprobe Deiner Consulting Leistung** ab. Überlasse nichts dem Zufall. Bereite jeden Austausch so vor und nach, als ob es sich um ein gut **bezahltes Projekttreffen** handeln würde. Ein paar Stichpunkte.

- **Vorbereitung**: Unternehmensprofil, Kundenperson, Kundenfragen, Meeting-Ziele, Diskussionspunkte, Teilnehmerrollen, Technik-Setup
- **Durchführung**: Unternehmenspräsentation, Fragekatalog, Case Studies, Forderungen, Whitepapers, Tagessatzargumente, Erfahrungen, Parallelen
- **Nachbereitung**: Ergebnisunterlage, Hausaufgaben, Folgetreffen, Vertraulichkeitserklärung, Systemzugänge

„Die Nacht ist die Braut des Beraters.". Auch wenn Du bisher wenig vom angefragten Beratungsthema weißt, bleibt Dir vor fast jedem Kundentreffen etwas Zeit einen **winzigen Wissensvorsprung** aufzubauen. Im ‚Projektbuch' eine Seite weiter als der Kunde zu sein – das reicht für einen überzeugenden Eindruck oft vollkommen aus.

Was tust Du vor dem **Erstkontakt** mit einem Interessenten? Wie sieht Dein **Follow-up** nach der initialen Zusammenkunft aus? Kunden merken, wenn Du ihre Themen ernst nimmst und die angefragte Sitzung vor- und nachbereitest.

Akquise Hack #58: Gewinne die Assistenz des Kunden

„Vorzimmerdrachen. Gate-Keeper. Büroglucke. Die einzige Aufgabe der Sekretärin ist die Filterfunktion. Sie sorgt dafür, dass nur die Personen zum Chef gelangen, die diesem auch etwas nutzen.". Claudia echauffiert sich über die Rolle der Assistenz im Kundenbüro. Inzwischen bin ich anderer Meinung.

Gewinne und nutze Assistenten für Deinen Beratungsvertrieb

Im **Kundenbüro** steht er zwischen Dir und dem Entscheider – der Assistent. Auch wenn diese Person in der Hierarchie der Kundenorganisation nicht ganz oben angesiedelt ist – schätze den Torwächter wert. Positiv gestimmte Assistenten…

- entscheiden ob und wie schnell Du zum **Kunden** vorgelassen wirst,
- versorgen Dich mit **Hinweisen und Tipps** zum Kunden und
- geben einen wichtigen **Impuls** für oder gegen einen potentiellen Berater.

Nicht selten fragen Chefs ihren Assistenten nach der **persönlichen Meinung.** Agiere daher auf **Augenhöhe.** Gib der **Zwischenstelle** das Gefühl wichtig zu sein. Ihr habt beide das gleiche Ziel: das **Wohle des Kundenunternehmens.**

Auf seinem **Blog www.stephanheinrich.com** empfiehlt der Verkaufstrainer **Stephan Heinrich** den Assistenten auf die gleiche Art zu behandeln wie den Kunden und selbstbewusst in den Dialog zu den Herausforderungen im Unternehmen und Deinen Nutzenversprechen einzusteigen. Überfordert von den Spezifika und mit der Absicht im Sinne der Firma zu handeln, verweist Dich der persönliche Unterstützer breitwillig zu seiner Führungskraft.

Legst Du eine **identische Attitude** bei Chefsekretärin und Chef an den Tag? Welche **Informationen** erfragst Du, wenn Dich eine Assistentin zu ihrem Vorgesetzten begleitet? Egal ob Pförtner, Empfang, Sekretärin oder Assistenz – **Torwächter** sind mächtig und wichtig.

Akquise Hack #59: Widme die Bedarfsanalyse dem Kunden

Was treibt den Kunden? Was muss dieser in den nächsten 3, 6 bzw. 12 Monaten erreicht haben? Wo kann ich einen hohen Mehrwert erzielen? Welche Wettbewerber sind ebenfalls im Rennen. Sonntagabend. Morgen 9 Uhr habe ich eine Bedarfsanalyse mit einem Baumaschinenhersteller. Mein Fehler: zu viele Fragen, zu wenig Zuhören.

Stelle die Bedarfsermittlung in den Dienst des zukünftigen Kunden

Die **Bedarfsermittlung** ist eine der **wichtigsten Tätigkeiten** in Deinem Vertrieb. Der Büchermarkt bietet eine Fülle von Vorgehensmodellen und Beispielfragen. Hilfreich sind 4 Prinzipien aus **Pritu Detemples** Buch **Neues Denken im Vertrieb**:

- **Ask don't tell**: Durch Fragen schaffst Du Bewusstsein für Veränderungen.
- **Do no Harm**: Handle im Interesse und zum Wohle des potenziellen Kunden.
- **Just in Time**: Gib so viel Infos wie für den Interessenten hilfreich und nötig.
- **Konsistent**: Gehe in kleinen Schritten und widerspruchsfrei vor.

Andreas Hoffmann ergänzt in seinem Buch **Leise Menschen verkaufen anders** zwei weitere nützliche Prinzipien. Die Bezeichnung stammt von mir.

- **Interplay**: Du führst durch die richtigen Fragen und lässt Dich durch die Antworten des Kunden leiten.
- **Mutual**: Du erfasst den Beratungsbedarf erst emotional dann rational.

Wer fragt, der fordert. Gib dem potentiellen Kunden in der Bedarfsanalyse ausreichend Raum. Strebe einen **Redeanteil von 30%** an. Die verbleibenden 70% hörst Du aktiv zu. Fertige nach Einverständnis Deines Gegenübers **für alle einsehbare Notizen** an. Bringe eine **Visualisierung als Orientierungsrahmen** in das Treffen ein. Frage Dich immer: Was nützt das dem Kunden? Schätze geäußerte **Probleme und Bedarfe** wert. Lasse Dich auf den Kunden ein.

Was war Deine **letzte gute bzw. schlechte Bedarfsanalyse**? Worin haben sich beide **Termine** unterschieden? **Bedarfsermittlung** ist ein **Handwerk**. Mit jedem Termin verfeinerst Du die Techniken. Oder wie ein Lebensmitteleinzelhändler einst ausrief: Jeden Tag ein bisschen besser.

Akquise Hack #60: Verbessere Deine Fragekompetenz

2008. Alex und ich sitzen beim Abteilungsleiter Herr Wolf in Hannover. Der Kunde möchte ein neues Enterprise Architecture Tool einführen und benötigt ein externes Gutachten. Dabei könnten wir ihm helfen. Alex führt durch unsere Bedarfsermittlung: „Herr Wolf, wenn Sie an die aktuelle Tool-Lösung denken, was ist ihn dabei besonders wichtig?". Ich notiere und lerne.

Trainiere das Stellen guter Fragen

Ob im Kennenlerntermin, während der Bedarfsanalyse, nach der Angebotsvorstellung oder später im Projekt: Unternehmen gut zu beraten, heißt gute Fragen zu stellen. Feile kontinuierlich an Deiner **Fragekompetenz**.

Dabei musst Du das Rad nicht neu erfinden. Für die **B2B Akquise** existieren erprobte **Fragerahmen**. Einer stammt von **Neil Rackham**, der 1988 das Buch **SPIN Selling** mit gleichnamiger Methode veröffentlichte.

- **Situation**: Was ist die Ausgangssituation? Welche Mengengerüste liegen vor? Worin bestehen die Rahmenbedingungen?
- **Problem**: Wo liegt die Herausforderung? Wer hat diese? Welche 3 bis 5 Faktoren sind besonders wichtig? Welche weiteren Akteure sind beteiligt?
- **Implication**: Worin bestehen die Auswirkungen? Was passiert, falls nichts passiert? Weshalb wurde bisher nichts unternommen?
- **Need-payoff**: Wie hoch ist der Nutzen? Wer profitiert von einer Lösung? Wer muss die Lösung entscheiden, umsetzen bzw. nutzen?

Stelle **fachlich relevante offene Fragen**. Lausche bis der Kunde zu **Ende** gesprochen hat. Bohre tiefer mit *„Weshalb?"* (Problemursache) und *„Was heißt das?"* (Problemfolgen) Fragen. Halte die **Stille** aus. Du möchtest den Kunden in der Tiefe verstehen.

Welcher **Satz von Bedarfsfragen** hat sich in Deinen Vertriebsterminen bewährt? Mit welchen **Schlüsselfragen** kannst Du herausfinden, wo beim Kunden tatsächlich der Schuh drückt? Stelle eine **Sammlung guter Kundenfragen** für Deine Gespräche zusammen.

Akquise Hack #61: Ermittle Deine Beauftragungschancen

Neukundengespräch. Mein Geschäftspartner Thomas stellt letzte Fragen an den potentiellen Klienten. Ich lausche und mache Notizen. Doch was auf meinem Zettel steht, reicht mir nicht. Gut, wir haben das Problem des Kunden erörtert. Auch haben wir durchschimmern lassen, dass wir bei der Lösung helfen können. Doch eine entscheidende Info fehlt: unsere Vertriebschance.

Erfasse bei der Bedarfsanalyse die Beauftragungswahrscheinlichkeit

Kennenlernen, Kundenproblem, Kompetenzdemonstration – die 3Ks gehören in jede **Consulting Bedarfsanalyse**. Mindestens genauso wichtig ist das systematische Ausloten und Bewerten Deiner **Beauftragungschance**.

Context is King. Hilfreich für die strukturierte **Qualifizierung der Vertriebslage** ist die **MEDDPICC Methode**. Stelle im Gespräch Fragen aus acht Kategorien:

- **M**etrics – Wie hoch ist mein wirtschaftlicher Beitrag für den Kunden?
- **E**conomic Buyer – Wer ist der Käufer meiner Beratungsleistung?
- **D**ecision Criteria – Worin bestehen die Anforderungen an meinen Dienst?
- **D**ecision Process – Wer ist wie im Entscheidungsprozess eingebunden?
- **P**aper Process – Welche administrativen Voraussetzung muss ich erfüllen?
- **I**mplications of Pain – Wie hoch ist der Schaden bei Nicht-Beauftragung?
- **C**hampion – Welche einflussreiche Person unterstützt meine Beratung?
- **C**ompetition – Welche Alternativen betrachtet der Kunde?

Webe Deine **Vertriebsfragen** in fachliche Diskussionspunkte ein. Nutze dazu einen **Interviewleitfaden**. Auch in fordernden Gesprächen adressierst Du so jede Frage zur Beauftragungslage. Zudem kannst Du im Nachgang die Aussagen verschiedener Bedarfsanalysen übereinanderlegen.

Wie läuft der **Entscheidungsprozess** bei Deinem Kunden ab? Über welches **Budget** kann Dein **Klient** entscheiden? Deine Fragen helfen dem Kunden und belegen Deine Expertise. Mindestens im gleichen Maße sollten sie Deine **tatsächliche Beauftragungschance** offenlegen.

Akquise Hack #62: Gewinne an Sympathie

Markus hat es drauf. Beauty Contest beim Kunden. Wir dürfen unser Angebot präsentieren. Ich bin fürs Protokoll zuständig. Markus – adrett im Maßanzug gekleidet – steht vor dem Whiteboard und teilt Höflichkeiten aus. „Danke für die Frage. Wir teilen Ihren konstruktiven Vorschlag das Projekt in vier Arbeitspakete zu unterteilen.". Gebauchpinselt lächelt der Kunde.

Hebe Deine vom Kunden wahrgenommenen Sympathie

Die Basis eines **Beratungsauftrages** ist **Vertrauen**. Ein potentieller Kunde traut Dir zu, dass Du mit Deiner **Dienstleistung** seine Probleme aus dem Weg räumen kannst. Tatsächlich wird ein Klient jedoch nie mit Dir eine **Vertrauensbeziehung** aufbauen wollen, wenn er Dich als unsympathisch einstuft.

In seinem Buch Die **Psychologie des Überzeugens** beschäftigt sich **Robert Beno Cialdini** mit der Frage wie **Sympathie** erzeugt und gesteigert werden kann. Nach dem US-Forscher machen Dich drei Faktoren für einen Kunden sympathisch:

- **Attraktivität**: Mit Schicker Kleidung, angenehmer Stimme und respektvoller Mimik und Gestik wirkst Du positiv auf den Kunden.
- **Gemeinsamkeit**: Gleiche Vergangenheit, geteilte Perspektiven und eine ähnliche Freizeitgestaltung sorgen beim Kunden für Sympathiepunkte.
- **Komplimente**: Lobende Worte über die Büroräume, das IT-Equipment oder den Kaffee heben Dich in der Gunst des Kunden.

Recherchiere vor einem Vertriebstreffen die **Kundenperson**. Welche **Kleidung** präferiert diese? Wo ging sie zur **Schule**? Was für **Hobbies** pflegt sie? Arbeite an Deiner Attraktivität, suche echte Gemeinsamkeiten, und bereite passende Komplimente vor.

Welche **Bestandskunden** findest Du sympathisch? Aus welchen Gründen sind Dir **Kundenmitarbeiter** unsympathisch? Agiere ehrlich und offen. Lasse ab und zu eine **persönliche Schwäche** durchschimmern. Ja-Sager, Schleimer und Superberater gibt es schon genug.

Akquise Hack #63: Vertreibe mit Leidenschaft

2014. Kundenprojekt in Hannover. Für diesen Feierabend planen zwei Kollegen und ich einen Kinobesuch ein. Es läuft ein Actionstreifen mit Tom Cruise. Energiegeladen. Packend. Leidenschaftlich. Da möchte man als Zuschauer gerne dabei sein. Der Titel: Edge of Tomorrow – Live. Die. Repeat.

Berichte mit Leidenschaft wie Du dem Kunden helfen kannst

Glänzende **Augen**. Wacher **Gesichtsausdruck**. Energiegeladene **Worte**. Agiere im Dialog mit dem Kunden zu seinem Problem und Deiner Lösung leidenschaftlich. **Leidenschaft**...

- ...zeugt von Deiner **Expertise** und **Verbundenheit** zum Thema.
- ...belegt Deine Beratung mit **Kraft-spendenden** Merkmalen.
- ...aktiviert den Kunden selbst ins **Handeln** zu kommen.

Der Kunde schaut Tag ein Tag aus auf graue Bürowände, komplizierte Excel-Tabellen und langweilige E-Mails. Energetisiere. Sei Quell für **Positivität**. Brenne für Dein Thema. Und stecke mit Deiner **Leidenschaft** den Kunden an.

Berate zu Themen zu denen Du **Kompetenz** besitzt, ein **Markt** existiert und Du obendrein **Freude** empfindest. Kunden spüren, ob Du für ein Thema brennst und weshalb Du einen bestimmten Consulting Service anbietest.

Welche **Energie** versprühst Du im Neukundengespräch? Mit welchem **Feuer** stehst Du hinter Deinem Beratungsansatz? Gute **Bedarfsanalysen** sind anstrengend. Gönne Dir nach dem Powergespräch eine Pause und lade die Akkus auf. Anspannung. Entspannung. Wiederholung. Fast wie Tom Cruise.

Akquise Hack #64: Mache Handlungsdruck offensichtlich

*„Wir brauchen so einen Service Katalog, um unsere IT-Leistungen zu gliedern.".
Februar 2023. Akquisetermin beim Neukunden. Ich mache Notizen. „Unser
Betrieb läuft auf Best Effort Basis. Jeder Fachbereich bestellt, was er gerade
braucht.". Ich wende mich an den Kunden: „Herr Müller: Angenommen wir
realisieren den Service Katalog erst im Dezember. Was bedeutet das für Ihre
Firma?". Herr Müller runzelt die Stirn. Achtung: Aufschieberitis!*

Zeige messbar auf was passiert, falls nichts passiert

Ohne **Handlungsdruck**, kein **Beratungsprojekt**. Sieht ein möglicher Kunde
keinen **drängenden Anlass** vom **Status Quo** in den **Ziel-Zustand** zu wechseln,
dann wird dieser auch nicht in Dein Consulting investieren. Weshalb auch? Das
können wir genauso gut im Folgejahr angehen!

Ermittle die **Dringlichkeit eines Vorhabens** und mache diese dem
Interessenten bewusst. Nutze dazu **offene Fragen** wie...

- Was geschieht, falls wir das Vorhaben erst in **3 Monaten** realisieren?
- Aus welchem **Grund** wurde bisher nichts unternommen?
- Warum ist das **Problem** gerade jetzt so akut?

Gehe mit ‚Was heißt das'-Fragen tiefer. Du willst die wahren **Auswirkungen**
eines ausbleibenden Handelns verstehen. Versuche auch die **Folgen des
Nichttuns** zu quantifizieren. Welche **Sanktionen** drohen der Kundenfirma? Mit
welchen **Mehrkosten** muss die Abteilung rechnen? Wie hoch beziffert sich der
entgangene Umsatz? Wer verliert bei einer Verschiebung das **Gesicht**?

Falls der Kunde keine **Schmerzen** benennen kann, dann brennt das Thema
beim ihm aktuell offenbar nicht. Der Beratungsvertrieb wird für Dich nun
schwierig. Möglicherweise besitzt er ein **erstrebenswertes Ziel**, es fehlt jedoch
der **Aktionsbedarf** hier und heute tätig zu werden. **Prokrastination** droht.

Welcher **Handlungsdruck** lastet auf Deinem Stammkunden das laufende
Projekt fortzusetzen? Was passiert, falls das **ausgeschriebene Engagement** 4
Wochen später startet? Ermittle den **Kittelbrennfaktor**. Daher: Mit welcher
Intensität steht der potentielle Kunde unter Feuer die Situation zu ändern?

Akquise Hack #65: Appelliere an die Bedürfnisse

„Künstliche Intelligenz krempelt die Medienbranche um. Texte, Bilder, gar ganze Video werden automatisch generiert und an die Communities verteilt." Aufmerksam verfolge ich den Clip. Dieser Berater will Ängste schüren. Zuschauer sollen die Gefahr erkennen und ins Handeln kommen. Ich lausche dem Sprecher. *„Gerne zeigen unsere Berater, wie Sie Ihr Business Model umbauen und die Chancen von KI für Ihre Firma nutzen können."*

Adressiere subtil die menschlichen Bedürfnisse des Kunden

Eine Möglichkeit beim **potentiellen Kunden** zusätzlichen **Handlungsdruck- bzw. -sog** aufzubauen und damit eine **Beschaffungsentscheidung** zu Deinen Gunsten zu erwirken, ist das **Ausnutzen menschlicher Bedürfnisse**. Eine Auswahl.

- **Gier**: „Weshalb sollten Ihre Abteilung auf das brachliegende Umsatzpotential verzichten wollen?"
- **Verlustaversion**: *„Sie verschenken Effizienzvorteile, wenn Sie auf die Implementierung einer Cloud Lösung verzichten."*
- **Befürchtung zu verpassen**: *„Drei unserer Stammkunden setzen ihre Entwicklungsprojekte bereits agil-skaliert um."*
- **Angst**: *„Kodak, Neckermann und Atari haben alle am bestehenden Geschäftsmodell festgehalten. Heute sind diese Firmen Geschichte."*

Bereits **kleinen Satzformulierungen** adressieren unterschwellig die Begierden einer Kundenperson und sorgen für Aktionen. Übertreibe es jedoch nicht. **Aufmerksame Gesprächspartner** enttarnen schnell die **wahre Intention** hinter Deinen Botschaften. Es ist ein schmaler Grat zwischen Lüge und Annahme, Suggestivfrage und Denkanstoß bzw. Manipulation und Hilfestellung.

Wie verhält sich der **prospektive Neukunde**? Agiert er sicherheitsbewusst, möchte er vielmehr den Gewinn maximieren, oder stellt er neugierig Fragen? Je nach **Persönlichkeitstyp** appellierst Du subtil an die Bedürfnisse.

Akquise Hack #66: Hinterfrage die Annahmen des Kunden

Keine Chance. Der Kunde hat sich bereits entschieden. Wir sind raus. Resigniert lehne ich mich in meinem Bürostuhl zurück. November 2016. Schlechte Nachrichten. Das Großprojekt beim Autohersteller werden wir nicht gewinnen. Alle Zeichen deuten auf die Beauftragung der Konkurrenz hin. Letzte Station ist die Angebotspräsentation. Lässt sich da doch noch etwas reißen?

Stelle die Annahmen des Kunden in Frage und rege ein Umdenken an

Vertriebler nennen es **Verkauf durch Verunsicherung**, **Geistige Brandstiftung** oder **Challenger Sale**. Das Prinzip: Du hinterfragst gezielt die **Sichtweise des prospektiven Kunden** und offenbarst **Schwächen in seinem Denkmodell**. Diese füllst Du mit Deinem **Beratungsangebot** aus.

In ihrem Buch **The Challenger Customer** schlagen **Brent Adamson**, **Matthew Dixon**, **Pat Spenner**, **Nick Toman** dazu einen zweistufigen Ablauf vor. Statt von Deiner Consulting Offerte und ihren Vorzügen zu berichten, lässt Du Dich zunächst auf das **mentale Modell des Kunden** und seine **Bedürfnisse** ein.

- Wie denkt der **Klient**?
- Welche **Ziele** verfolgt sein Unternehmen?
- Von welchen **Annahmen** geht er aus?

Ausgehend von seinen **Grundvorstellungen** platzierst Du einen **neuen Fakt**. Einen **Ideenfunken**. Eine **abgesicherte Erkenntnis**, welche das Modell des Kunden ins Wanken geraten lässt und diesen zum **Umdenken** veranlasst. Anschließend präsentierst Du Deine Dienstleistung.

Bei **mehreren Kundenmitarbeitern** holst Du zunächst alle Stakeholder in ihren individuellen mentalen Modellen ab. Dann streust Du Bedenken, forderst einen nach den anderen heraus. Schließlich schwörst Du alle auf Dein Angebot ein.

Welcher **Annahme** sitzen Deine potentiellen Kunden regelmäßig auf? Mit welchen Fakten kannst Du **neue Perspektiven** öffnen? Fordere einen gefestigten Fast-Nicht-Kunden in seiner **Komfortzone** heraus.

Akquise Hack #67: Vereinbare Folgeschritte

Ich: „Und? Wie geht's jetzt weiter?". Hannes: „Der Beratungsvorschlag liegt beim Kunden. Dieser kommt auf uns zu.". Ich: „Bis wann wird das sein?". Hannes: „Darüber war der Kunde sich noch nicht im Klaren.". Ich: „Ihr seid ohne konkrete Aufgabe und Zieldatum auseinander gegangen?". Hannes: „Naja, eigentlich schon.". Ich: „Wir hängen also in der Luft.".

Vereinbare immer einen verbindlichen nächsten Schritt

Der größte Killer des Geschäftsmodells **Unternehmensberatung** ist das **Nichts-Tun**. Der Kunde verharrt im Status Quo, akzeptiert den aktuellen Zustand. Als Consultant bist Du hingegen an einem **Wandel** interessiert. Dieser fußt auf einem nächsten Schritt. Gehe aus einer Interaktion mit einem potentiellen Kunden immer mit einem nächsten Schritt heraus. Immer.

- **Spezifisch**: Was ist noch offen? Welche Person muss noch zusätzlich eingebunden werden? Was fehlt noch vor einer Bestellung?
- **Terminiert**: Wann treffen wir uns das nächste Mal wieder? Bis wann liegt Ihr Budget vor? Wie lange braucht die Entscheidung?
- **Verbindlich**: Senden Sie den Termin heraus? Wann kann ich Sie bei Rückfragen erreichen? Erneut im großen Konferenzraum?

Der zukünftige **Kunde** hat tausend Aufgaben im Kopf. Schnell gerät Dein Beratungsprojekt unter die Räder des Alltags und landet auf Priorität 3. Im Vertrieb ist nichts schlimmer, als dass sich die Dinge verzögern. Jeder zusätzliche Tag hält Dich von anderen Aufgaben ab ohne Umsatz zu generieren.

Reserviere beim Auseinandergehen die nächste Synchronisation in Euren **Kalendern**. Argumentiere mit dem Nutzen, der sich beim nächsten Austausch für Euch beide einstellt. Behalte die **Prozesszügel** in Deiner Hand.

Verlässt Du einen Vertriebstermin stets mit einem **Folgeschritt**? Oder hängst Du nach einem **Interessentengespräch** wochenlang in der Schwebe? Unklarheit über die **nächsten Aktivitäten** schadet Dir, nicht dem Kunden.

Akquise Hack #68: Versende ein Gesprächsprotokoll

Erstgespräch mit einer Landesbehörde. Schnell funken der Kundenvertreter und ich auf einer Wellenlänge. Die öffentliche Institution sucht Experten für die Datenmodellierung. Unsere Boutique kann helfen. Nach 30 Minuten müssen wir beide in Folgetermine. „Senden Sie uns Ihr Firmenprofil. Wir melden uns im Juni.". Gesagt, getan. Ich setze mir einen Merker für Juni und sende unseren Steckbrief. Doch reicht das?

Versende nach jeder Kundeninteraktion eine Mitschrift

Kunden haben viel um die Ohren. Unter anderem aus diesem Grund engagieren sie **Unternehmensberater**, die sie im Tagesgeschäft entlasten sollen. Demonstriere, wie Du später im **hektischen Projektalltag** unter die Arme greifen kannst, indem Du bereits in der **Anbahnungsphase** unterstützt.

Versende nach jeder **Interaktion mit einem Beratungsinteressenten** den **Vereinbarungsstand** samt **nächsten Schritten**. In Deiner E-Mail bzw. Unterlage gehst Du auf folgende Punkte ein.

- **Problem**: Welche Herausforderungen plagen den Kunden? Weshalb benötigt dieser ab sofort externe Unterstützung?
- **Auswirkungen**: Was sind die betriebswirtschaftlichen Konsequenzen des Problems? Wie hoch ist der (möglichst finanzielle) Schmerz?
- **Zielzustand**: Wie sieht die Welt des Kunden nach Deiner Beratung aus? Welche Lösungsideen habt Ihr diskutiert?
- **Zusammenarbeit**: Welche zeitlichen, finanziellen, administrativen etc. Voraussetzungen müssen für das Projekt geschaffen sein?
- **Aufgaben**: Wer erledigt was bis wann? Welches (symbolische) ToDo nimmt der Kunde mit?

Wer schreibt, der bleibt. Mit Deiner **Zusammenfassung** schaffst Du **Fakten**. Die negativen Folgen des Ist-Zustands sowie Linderung durch Deine Einbindung sind explizit. Liste nur auf, was tatsächlich besprochen bzw. gezeigt wurde.

Was erhält ein **Interessent** nach einem Gespräch von Dir? Welchen **Aufhänger** schaffst Du für Folgeinteraktionen? Flechte **Kundenzitate** in die Mitschrift ein. Das zeigt die Individualität und sorgt für Wiedererkennung.

Akquise Hack #69: Rege Referenzgespräche an

„Kann einer Ihrer Kunden den Projekterfolg belegen?". Die Bitte von Herrn Meister – IT-Manager einer Krankenkasse – haben wir erwartet. Speziell mittlere und kleine Unternehmen wollen auf der Zielgrade der Auswahlphase einen neutralen Beweispunkt. Wie gut, dass wir zufriedene Kunden in unserem Rücken wissen.

Bringe bestehenden und zukünftigen Kunden in einen Austausch

Jede **Beratung** behauptet von sich selbst, die **beste Wahl für den Kunden** zu sein. Das ist bekannt und wenig überraschend. In Folge hat Deine **Selbstempfehlung vor Interessenten** nur ein geringes Gewicht.

Anders ist die Lage, wenn **ehemalige oder aktuelle Kunden** offen und ehrlich vor **Neukunden** über Dich berichten. Ermögliche diesen **Inter-Klienten-Austausch** – mit einem **Referenzgespräch**.

1. Erfrage beim **Kunden**, ob dieser bereit ist mit einem Interessenten für **15 bis 30 Minuten** per **Telefon oder Videokonferenz** über Euer aktuelles oder zurückliegendes Beratungsprojekt zu sprechen.
2. Stimmt der Kunde zu, informierst Du diesen in einem **Kurzbriefing** über Fragen und Schwerpunkte des Beratungsinteressierten. Zudem machst Du beide Parteien per E-Mail bekannt und regst eine **Terminvereinbarung** an.
3. Lasse Kunden und (Noch-)Nicht-Kunden allein miteinander sprechen. Erfrage nach dem **Gespräch** beim potentiellen Klienten, inwieweit ihm der Austausch bei seinem **Entscheidungsprozess** hilft. Danke dem Kunden.

Die **Worte eines Stammklienten** wiegen hoch. Voraussetzung für einen Referral Call ist ein **glücklicher und zufriedener Kunde**. Dieser möchte Dir zurückgeben und Personen außerhalb seiner Firma über die **erreichten Erfolge** informieren.

Welcher **Stammkunde** spricht sich schon heute in der Öffentlichkeit positiv über Dich aus? Welcher **Exkunde** schuldet Dir noch einen Gefallen? Kunden haben **spannende Praxisgeschichten** zu erzählen. Bringe diese mit **potentiellen Klienten** in Kontakt.

Akquise Hack #70: Bewerte eine Ausschreibung

Die Projektanfrage trifft mich überraschend, aber nicht unvorbereitet. Schließlich haben wir in den letzten Monaten kräftig an der Marketing- & Vertriebsglocke unserer kleinen Beratung geläutet. Jetzt liegt der 23-Seiten starke Call for Offer vor mir – und ich zögere. Ausschreibung ablehnen oder in einen zähen, unbezahlten Angebotsprozess einsteigen? Immerhin winkt ein lukratives Consulting Mandat. Ich sollte mich auf die Fakten konzentrieren.

Checke vor Ausschreibungsteilnahme die Fakten

Beratungsangebote auf **Ausschreibungen** sind in der Regel **arbeitsintensiv und umfangreich**. Oft gleichen sie einer Wette im **Glücksspiel**, wobei Dein Einsatz im **Erstellungsaufwand** liegt und als Gewinn das **Engagement** samt Vergütung, die **Kundenreferenz** sowie die Möglichkeit auf **Folgeaufträge** winken.

Bei einer **schwachen bis laufwarmen Kundenbeziehung** stehst Du in direkter **Konkurrenz zu anderen Beratungen**. Auch hält sich Dein Erkenntnisgewinn im Angebotsprozess in Grenzen. Dazu kommen nur wenige Gelegenheiten das **Netzwerk** auszubauen. Prüfe daher jede Ausschreibung auf drei Kriterien.

- Die **Attraktivität** des ausgeschriebenen Beratungsprojektes ist strategisch, inhaltlich bzw. finanziell hoch.
- Die **Gewinnchance** ist durch die Erfüllung der Anforderungskriterien, den Alleinstellungsmerkmalen bzw. einer warmen Kundenbeziehung hoch.
- Die **Machbarkeit** ist bzgl. notwendigen Kompetenzen und personellen Kapazitäten zwischen Start- und Endzeitpunkt gesichert.

Mit einer Ausschreibung möchte ein potentieller Kunde **maximale Markttransparenz** – sowohl über das **Vorgehen** als auch den **Preis**. Nebenbei erhält dieser von den anbietenden Beratungen wir Dir nützliche Anregungen, Impulse und Good Practices.

Wie erkennst Du, ob eine **Ausschreibung** ernst gemeint ist und Du das Engagement auch gewinnen kannst? Bei welchen **K.O.-Kriterien** lehnst Du eine Anfrage ab? Keiner zwingt Dich mitzubieten. Lasse **unrealistische Ausschreibungen** vorbeiziehen und fokussiere auf **aussichtsreiche Anfragen**.

Akquise Hack #71: Lehne Anfragen mit Ersthilfe ab

Frühling 2022. In unseren Beratungsprojekten stehen wir unter Volldampf. 100 Prozent Auslastung. 100 Prozent Einkommen. 0 Prozent Zeit. Und die Anfragen reißen nicht ab. Neu- und Bestandskunden – plötzlich will jeder mit uns Geschäfte machen. Wir könnten kurz und unberührt die Anfragen ablehnen und die Interessenten damit möglicherweise für immer vergraulen. Oder die Gunst der Stunde nutzen und Zukunftsaufträge an Land ziehen.

Lehne unpassende Beratungsanfragen mit Ersthilfe ab

Die **Gründe Kundendirektanfragen** nach Deiner Beratung auszuschlagen sind vielfältig: fehlende Kapazitäten, mäßiges Projektthema, unterirdische Kundenkultur, geringer Tagessatz. Statt unbegründet einfach abzusagen, wendest Du die **DAB-Ersthelferkette** an.

- **D**anken: Danke dem Interessenten für den Zusammenarbeitsgesuch. Bestätige Sinn und Zweck des Vorhabens sowie den Nutzen.
- **A**blehnen: Sage dem Anfragenden ab. Entweder mit dem Grund von vollen Auftragsbüchern oder Deiner Spezialisierung auf andere Probleme.
- **B**rücken bauen: Hilf dem Fast-Kunden weiter. Schlage eine Verschiebung oder Verkleinerung vor oder biete die Vermittlung an Dein Netzwerk an.

Es gilt: Minimaler **Aufwand**, maximaler **Mehrwert**. Obwohl Du die Anfrage ablehnst, erhalten Beratungsinteressenten bei Dir Hilfe. Du bist keine Sackgasse, sondern ein Ersthelfer. Auch zukünftige lohnen sich Anfragen bei Dir.

Brücken zu bauen, kosten Dich kurzfristig etwas Zeit und Energie, helfen jedoch mittelfristig dem **abgelehnten Kunden** und Deinem **Netzwerk** bzw. langfristig Dir. Es greift das **Prinzip der Reziprozität**. Du investierst in Interessenten und Consulting Partner, erhältst dafür später wieder zurück.

Wie gehst Du mit **nicht leistbaren Beratungsanfragen** um? Auf welche Weise stiftest Du bei dem abgelehnten Kunden dennoch ein **klein wenig Nutzen**? Gib in der Zeit, dann hast Du in der Not.

Akquise Hack #72: Begrenze die kostenfreie Vorarbeit

Beratungsanfrage eines Flughafenbetreibers. Der Chief Information Officer benötigt eine IT-Strategie und ist auf unseren Fachartikel gestoßen. Jetzt sitzen wir im Kennenlerntreffen und ich bekomme Bauchschmerzen. Der Ist-Zustand liegt im Nebel. Das Problem ist unkonkret. Die Ziele sind offen. Hier kann ich nichts tun. Nach 45 Minuten bedanke ich mich beim CIO für die Offenheit. Den Vorschlag eines Follow-ups lehne ich mit Verweis auf volle Auftragslage ab.

Limitiere Deine kostenfreie Vorleistung für ein Beratungsprojekt

Achtung **Gratis Consulting**. Bei **nachfolgenden Symptomen** solltest Du Deine **Vertriebsaktivitäten** zurückfragen. Der potentielle Kunde...

- kann sein **Problem** nur sehr vage beschreiben,
- berichtet bei jeder Interaktion von neuen **Zielen**,
- fragt die **Bereitstellung Deiner präsentierten Inhalte** an,
- bittet um **unbezahlte Folgetermine** für die Detaillierung bzw.
- verlangt eine **umfassende Lösungsskizze** für seine Herausforderung.

Die Motive des Kunden bei Dir zu schnorren sind unterschiedlich. So möchte der Kunde **Verständnis** zu seinem Problem schärfen, **Knowhow** zur Lösung erhalten, eine dritte **Perspektive** auf seinen Sachverhalt einholen oder **Impulse**, **Gedankenanstöße** und **Inspiration** für sein Themenfeld erhalten.

Ganz egal weshalb: **Unbezahlte Vorleistung** erzeugt für Dich Nachteile. **Wissen** fließt ab, **Zeit** geht verloren und **Opportunitätskosten** entstehen, abgesehen von möglichen **Reiseaufwendungen** und einer **Grundstimmung der Imbalance**.

Kunden sind smart. Sie stellen Dir eine **Beauftragung** in Aussicht, schmeicheln Deiner **Kompetenz** und appellieren an Deine **Neugier**. Bleib standhaft. Mehr als **5% des erwarteten Umsatzes** darf Deine Akquise nicht kosten.

Wie erkennst Du einen **Showrooming Interessenten**? Mit welchen Argumenten lehnst Du **kostenfreie Vorarbeit** ab? Rege ein vergütetes **Vorprojekt** oder einen **Festpreis-Kick-Off** an.

Akquise Hack #73: Brich aussichtlose Angebote ab

Die Ausschreibung erreicht uns Freitagnachmittag. Eine öffentliche-rechtliche Gemeinschaftseinrichtung fragt nach einem Beratungsangebot für ein Digitalisierungsprojekt an. Die Anrede: generisch. Der Abgabetermin: in einer Woche. Die Projektbeschreibung: diffus. Schnell treffen wir eine Entscheidung: Hier werden wir nicht mitbieten. Freundlich und bestimmt sagen wir ab.

Brich die Angebotsphase bei Ausstiegssignalen ab

Beratungsangebote sind **aufwendig**. Ihre Inhalte sind kundenspezifisch und für Dich damit nur **begrenzt wiederverwendbar**. Entscheide bewusst, ob Du in die Proposal Phase einsteigst und wie lange Du dabeibleibst. Jede eingesetzte Angebotsstunde verschenkst Du kostenfrei an den möglichen Kunden. Achte auf **Ausstiegssignale**. Eine Auswahl erlebter **Red Flags** in der Angebotsphase.

- Die **Beratungsanfrage** ist generisch oder unpassend.
- Der **Projektzweck** ist dem Kunden und Dir unklar.
- Die **Abgabefristen** sind unrealistisch kurz.
- Der Kunde lehnt eine persönliche **Bedarfsanalyse** ab.
- Der Kunde beantwortet Deine **Anfrage** nur zögerlich oder gar nicht.
- Der Kunde vermeidet einfachste **Beistellaufgaben**.
- Die **Ausschreibungsparameter** wechseln.
- Der Kunde lehnt eine **Vermittlung** an geeignete Beratungen ab.
- Der Kunde und Du passen als **Mensch** nicht zueinander.

Manchmal weiß der Kunde nicht, was er will, hat sich bereits entschieden oder passt einfach nicht zu Dir und Deinem Beratungsstil. Beende Angebotsphasen mit schlechten Erfolgsaussichten. Kontaktiere den **Kunden**, danke für die **produktiven Angebotsverlauf**, gib zu **nicht die perfekte Wahl** zu sein und biete die **Vermittlung zu Netzwerkpartnern** an.

Welche **Exit-Signale** beobachtest Du in der Angebotsphase? Welchen **Frühindikator** hast Du schon einmal übersehen? Keiner analysiert, konzipiert, kommuniziert und redigiert gerne **Beratungsvorschläge für den Papierkorb**.

Akquise Hack #74: Verfolge abgegebene Angebote nach

Ganze zwei Wochen haben wir uns in das Kundenangebot reingekniet und den Beratungsvorschlag fristgerecht abgeliefert. Inzwischen sind 14 Tage verstrichen. Der potentielle Kunde schuldet uns eine Antwort. Es hilft nichts – wir müssen aktiv werden und nachfassen. Ich greife zum Telefonhörer. Mal hören wo unser Proposal beim Klienten aktuell liegt.

Fasse gelegte Angebote bei ausbleibender Kundenreaktion nach

Liegt dem **Beratungsinteressenten** Dein **Angebot** vor, muss dieser Dir nicht antworten. Als Anbieter hast Du jedoch doch das **Recht nachzufassen**. Schließlich steck im Kooperationsvorschlag Deine **Zeit und Energie** bzw. hältst Du in Erwartung eines Positivbescheids die **personellen Kapazitäten** vor.

Schmiede das Eisen, solange es noch glüht. Fasse **7 bis 10 Arbeitstage nach Angebotsabgabe** bzw. **3 Arbeitstage nach Verstreichen dieses offiziellen Vergabedatums** mit einem dreistufigen Verfahren nach.:

1. **Arrangieren**: Hake bei dem Kundenmitarbeiter nach, der Dich zum Angebot aufgefordert hat. Wähle den bevorzugten Kommunikationskanal.
2. **Anfragen**: Nach einem kurzen Begrüßungssatz informierst Du Dich, bei welchen Punkten im Angebot noch Informationsbedarf besteht.
3. **Auswerten**: Interpretiere die Aussagen des Kunden bzgl. der Erfolgsaussichten Deiner Offerte.

Eine **lange Entscheidungsdauer** ohne Rückmeldung signalisiert einen **niedrigen Umsetzungsdruck**, einen **starken Wettbewerb** bzw. eine **geringe Wertschätzung** des Kunden. Nimm hier die Aufmerksamkeit raus und konzentriere Dich auf alternative Vertriebsmöglichkeiten.

Notierst Du Dir **Termine für das Nachfassen eines Angebots** im Kalender? Wie kann Deine **Statusanfrage** dem Kunden zusätzlichen Nutzen stiften? **Nachfassen** ist immer eine Chance die **Beziehung** zum **zukünftigen Kunden** zu festigen. Mit einem **freundlichen und verbindlichen Anklopfen** nimmt Dich der Kunde als ‚Dranbleiber', statt als ‚Fire & Forget'-Berater war.

Akquise Hack #75: Werde bei einer Absage aktiv

„Leider haben wir uns entschieden, Sie nicht für das Transformationsprojekt zu beauftragen. Wir bedanken uns für die konstruktiven Gespräche und werden Ihr Unternehmen bei zukünftigen Beratungsanfragen berücksichtigen. ". Eine weitere Absage auf eines unserer Beratungsangebote. Das kann nicht wahr sein. Die vierte Ablehnung innerhalb eines Monats. Was machen wir falsch?

Prüfe die Gründe für eine Ablehnung und leite Maßnahmen ein

Manchmal ist die Geschäftswelt unfair. Du hängst Dich für ein **Angebot** rein, synchronisierst Dich mehrmals mit dem **potentiellen Kunden**, konzipierst, recherchierst, dokumentierst. Und am Ende – alles für die Katz. Der Interessent sagt ab. Per E-Mail. Mit einem knappen 08/15-Zweizeiler.

Analysiere die **Ursachen** für die Absage, leite **Erkenntnisse für Folgeakquisen** ab und überlege, wie sich der **Interessent** doch noch gewinnen lässt. Drei Szenarien:

- **Projektverschiebung**: Erkundige Dich nach den Gründen, zeige die Folgen einer Nicht-Realisierung auf und vereinbare einen Follow-Up Termin.
- **Eigenumsetzung**: Bestätige den Beschluss das Projekt intern zu realisieren. Zeige den Nutzen externe Hilfe auf und schlage ein Mini-Projekt vor.
- **Wettbewerbsbeauftragung**: Erfrage den Zusatznutzen des Konkurrenten sowie dessen Preispunkt. Bleibe im losen Kontakt.

Auch wenn es schmerzt, frustriert, Dich zweifeln lässt und am **Selbstwertgefühl** kratzt – die Absage eines Beratungsangebots ist **kein Weltuntergang**. Es gilt das alte Sprichwort *„Aus Niederlagen lernt man am meisten. ".*

Hake beim **verlorenen Kunden** nach. Verweise auf **stetige Verbesserung** und fordere **Feedback für den Negativbescheid** ein. Bitte um eine **Vermittlung** zu einem Kollegen mit einem ähnlichen Problem.

Was unternimmst Du nach einer **Angebotsabsage**? Was machst Du bei der nächsten **Anfrage** anders? Gehe nach jeder Niederlage in die **Selbstreflexion**.

Akquise Hack #76: Fokussiere auf Folgeprojekte

Juni 2020. Die Ausschreibung eines bayrischen Automobilbauers liegt vor uns. Das Dokument zählt über 30 Seiten. Wir zögern. Sollen wir in die Bieterrunde einsteigen und uns um das Langfristmandat bewerben? Oder uns doch lieber mit Marketing und Vertrieb auf Bestandskunden konzentrieren. Wir entscheiden uns für die Angebotsabgabe. Ein Fehler.

Akquiriere Verlängerungen, Erweiterungen und Umfeldprojekte

Die **Einwerbung eines Beratungsprojektes** ist unbezahlt. Je länger die Vertriebsphase, desto teurer Deine **Investitionskosten** in das potentielle Engagement. Kenne die **Dauer eines Verkaufszyklus** und entscheide bewusst für oder gegen Deine Akquise.

Im Buch **Unternehmensberatung** untersuchen **Roland Heuermann** und **Falk Herrmann** den **Aufwand** und die **Dauer** bis Einwerbung eines Beratungskunden für verschiedene Anfragetypen. Die Autoren zeichnen folgendes Bild:

- **0 bis 3 Monate** bei niedrigem Aufwand für die **Verlängerung & Erweiterung eines bestehenden Auftrags**
- **1 bis 4 Monate** bei niedrigem Aufwand für den **Verkauf im Umfeld eines bestehenden Projektes**
- **0 bis 6 Monate** bei mittlerem Aufwand für die Abgabe eines Angebots auf eine **Ausschreibung aus der Wirtschaft**
- **5 bis 9 Monate** bei mittlerem bis hohem Aufwand für die Abgabe eines Angebots auf eine **Ausschreibung aus dem öffentlichen Sektor**
- **8 bis 12 Monate** bei hohem Aufwand für die **Kaltakquisition**

Dein **Sweet-Spot**: **Verlängerung und Erweiterungen** bestehender Engagements sowie der Verkauf im Dunstkreis des Bestandsprojektes. Hier ist Dein **Aufwand** gering und Du kommst schnell ins **Folgemandat**.

Wieviel **unbezahlten Aufwand** steckst Du in die Akquise? Von welchem **Anfragetyp** lässt Du generell die Finger? Für die Projekteinwerbung solltest Du nicht mehr als **5% des in Aussicht gestellten Gesamthonorars** investieren müssen. Sortiere unrentable und unklare Anfragen rigoros aus.

Akquise Hack #77: Mache Deine Beauftragung einfach

Nur wenige Klicks, und ich habe den Flug gebucht, das Hotel reserviert, den Mietwagen geordert und das Abendessen vereinbart. Das war einfach. Meiner Dienstreise zum möglichen Neukunden nach Köln steht nichts mehr im Weg. Ich halte kurz inne: Wie einfach kann uns ein Klient eigentlich beauftragen?

Senke die Hürden Deiner Beauftragung auf ein Minimum

Kunden bestellen **Berater** oft als **Mittel der Entlastung**. Da möchtest Du mit Deinem Beauftragungsprozess so wenig Zusatzaufwand wie möglich erzeugen. Überlege, wie Du dem Kunden die mit Deiner Bestellung verknüpfte Arbeit leichter machen kannst. **Vier Stoßrichtungen** mit Beispielen:

- **Vorbereiten**: Welche Formulare lassen sich vorab ausfüllen?
- **Vereinfachen**: Welche Schriftstücke können digital signiert werden?
- **Verringern**: Welche Administrationsaufgaben sind überflüssig?
- **Verschieben**: Welche Formalien lassen sich auch nach Bestellung erledigen?

Nimm Deinem zukünftigen Kunden im **Beauftragungsprozess** alle Aufgaben ab, die Du auch auf Deiner Seite erbringen kannst.

Der Kunde hat sich bzgl. Deines Engagements mit Vorgesetzten, Mitarbeitern, Parallelprojekten, Steuerkreisen, Systemadministratoren, Einkaufsabteilungen, Gebäudesicherheitsdiensten etc. abzustimmen. Du willst bei diesen **Papiermarathon** helfen und nicht zur lästigen Zusatzaufgabe werden.

Welche **Hürden** muss Dein Kunde für Deine Beauftragung überwinden? Wie kannst Du diese **Papiersperren** absenken, entzerren oder ganz eliminieren? **Bürokratie** gibt es in Kundenunternehmen schon genug.

Akquise Hack #78: Meistere die Beschaffungsprozesse

„Dem Fachbereich ist Dein Preis egal. Der sieht sein Problem und möchte eine Lösung.". Hannes spricht Tacheles. Seit 30 Jahren ist er Berater für Unternehmen aus der diskreten Fertigung. „Einkäufer mögen Verhandlungen. Das haben sie gelernt, dafür werden sie bezahlt. Die Konsequenz einer falschen Beauftragung trägt dann der Fachbereich." fährt Hannes fort. Beschaffung in Unternehmen – eine ganz eigene Disziplin für sich.

Erfrage und nutze die Beschaffungsprozesse beim Kunden

Große Mittelständler und Konzerne haben ihre **Beschaffung** professionalisiert. Als externe Beratungsdienstleister stehst Du einem **versierten Einkäufer** gegenüber. Dessen Ziel: Erzeugung von **Wettbewerb** bei Erhalt der Leistung zu aus Kundenunternehmenssicht optimalen **Konditionen**.

Dein **Kundenansprechpartner** hat nur eingeschränkten Einfluss auf seine interne Beschaffungsabteilung. Dennoch kann dieser Dir und sich weiterhelfen.

- **Informationen**: Ablauf, Dauer, Kriterien, Tipps – der Kunde kennt seine Kollegen beim Einkauf und hilft Dir mit Prozessdetails weiter.
- **Präferenz**: Ein Preis-Plus von 5 bis 20% gegenüber dem Wettbewerb – der Kunde wählt Dich als seinen favorisierten Beratungsanbieter.
- **Umgehung**: Budgetgrenzen, Vertragsverlängerungen, Rabattstaffeln – der Kunde weiß das System Einkauf zu beugen oder ganz auszuhebeln.

Mache Deinen Kunden zum **Verbündeten**. Ihr wollt beide die Änderung, zieht zusammen am gleichen Strang in dieselbe Richtung. Gemeinsam strebt ihr Deine **Beauftragung zu einem fairen Preis** für Kundenunternehmen und Dich an.

Was kann Dein Kunde Dir über seine **Beauftragungsprozesse** sagen? Wie lässt sich das **System Einkauf** beim Kunden umschiffen? Reserviere in Deiner Vergütung etwas Spielraum für die Preisverhandlungen mit dem Einkauf.

Binden

Neukunden, Bestandskunden & Exkunden

„Deine unzufriedensten Kunden sind die,
von denen Du am meisten lernen kannst."

- Bill Gates, US-amerikanischer Unternehmer

Akquise Hack #79: Melde Dich direkt nach Beauftragung

Und jetzt? Wo bleibt der Follow-up? Ich fühle mich fallengelassen. Da beauftrage ich die Web-Designagentur für die Überarbeitung unserer Firmenseite zu einem hohen vierstelligen Betrag und keiner meldet sich. Zuschlag erhalten – der Kunde ist nicht mehr wichtig. Wenn es schon zu Beginn ruckelt, wie soll es dann im gemeinsamen Projekt werden?

Wechsle nach Beauftragung direkt in die Leistungsphase

Der Kunde hat für Deine Firma votiert. Bestätige seinen **Vergabebeschluss –** mit einem **starken Start in das Beratungsprojekt**. Einige Anregungen:

- Sende eine kurze und freundliche **Bestätigung der Bestellung** auf dem vom Kunden favorisierten Kommunikationskanal mit den nächsten Schritten.
- Übergib Deine **Kontaktdaten** inkl. Verfügbarkeiten. Benenne Rollen mit Aufgaben und Verantwortlichkeiten im Beraterteam.
- Stelle ein **Welcome-Package** mit initialen Arbeitsvorlagen, hilfreichen Whitepapers und Deinen ersten Projektfragen zusammen.

Manchmal liegen neben **Vergabeentscheidung und Projektbeginn** mehrere Wochen. Bleib unbedingt am Ball. Je intensiver Dein Kontakt zum Kunden vor dem Abschluss war, desto intensiver sollte er danach sein.

Auch **Claudia Fochler** sieht den **Übergang zwischen Einwerbungs- und Leistungsphase** in ihrem Buch **Marketing & Vertrieb für IT-Consultants** als kritisch. Die Ziele wechseln. Die Form der Zusammenarbeit wechselt. Möglicherweise wechseln auch Teile des Personals. **Kundenbindung** startet mit **Projektbeginn**.

Wie sicherst Du einen **weichen Übergang von Akquise zu Projekt** ab? Welche **Erstkontaktmaßnahmen** wirken besonders gut? Ein fulminanter Start ist die Grundlage für **Folgeauftrag, Weiterempfehlung** und **Projektreferenz**.

Akquise Hack #80: Stelle den Kunden in den Vordergrund

April 2020. Virtueller Beauty Contest beim öffentlichen IT Service Provider.
Mein Kollege ist an der Reihe sich kurz vorzustellen. Er holt tief Luft und beginnt
zu berichten. Vom eigenen Werdegang. Den Qualifikationen. Vergangenen
Beratungsprojekten. Zwei Minuten sind bereits verstrichen doch mein Kollege
plaudert munter weiter über sich und seine Erfolge. Der Kunde schaltet sich auf
,Mute'. Offenbar scheint er parallel arbeiten zu wollen.

Nimm Dich zurück und stelle den Kunden nach vorne

„Entscheider interessieren sich nicht für Berater" antwortete mir der Berater-
Berater, Unternehmer und Autor von **Das neue Sog-Prinzip Giso Weyand** in
einem Interview für meinen Blog Consulting-LIFE.de. Meine Frage zielte auf
den Wandel des Anforderungsprofils eines Consultants.

Beim **Consulting** geht es gestern wie heute um den **Kunden** und seinen **Erfolg**.
Nicht Dich, den Unternehmensberater. Je erfolgreicher Dein Kunde und je
klarer er und das Umfeld die gelieferten **Ergebnisse** und erreichten **Ziele** mit
Deiner Beratung verbinden kann, desto wertvoller wirst Du.

- Stelle dem Kunden **Fragen**. Du bist an seiner Perspektive interessiert.
- Nenne den Kunden beim **Namen**. Du beziehst Dich auf die Person.
- Sprich über die **Themen** des Kunden. Du möchtest genau verstehen.
- Bitte den Kunden um **Weiterentwicklung**. Du lieferst ein initiales Konzept.
- Kommuniziere Ergebnisse als **Leistung** des Kunden. Du hilfst lediglich.

In seinem Buch **Humble Consulting** empfiehlt **Edgar Schein** Zurückhaltung und
Demut. Halte Dich zurück. Agiere bescheiden. Du entlastest, befähigst, und
unterstützt. Der **Kunde** steht im **Rampenlicht**. Du arbeitest im **Hintergrund** an
der **Lichtanlage**. Problem. Optionen. Lösungsempfehlung. Dort agierst Du.

Wie hoch ist Dein Redeanteil in **Gesprächen mit Kunden**? Welche Themen sind
dem Kunden wichtig? Persönlich wichtig? Jede Interaktion mit Dir sollte dem
Kunden **Energie**, **Zuversicht** und gerne auch etwas **Freude** schenken.

Akquise Hack #81: Behandle jeden Kunden individuell

Hotel Check-out. Ich stehe an den Tresen eines Wolfsburger Premiumhotels. Zwei Rezeptionistinnen bedienen die Gäste. Die eine erfahren und wortgewandt, die andere neu und fragend. Ganz klar: Hier findet praktisches Lernen für Hotelfachkräfte statt. Kontinuierlich tauschen sich die beiden aus. Ein Satz bleibt mir im Gedächtnis: „Behandle jeden Menschen, wie Du auch selbst behandelt werden möchtest.". Nicht ganz korrekt, denke ich und bezahle mit einem Nicken meine Rechnung.

Behandle jeden Kunden, wie dieser behandelt werden möchte

Hinter jedem **Kunden** steht eine **individuelle Person**. Je genauer Du diese Person und ihre **Wesensmerkmale** kennst, desto zielgerichteter Deine **Beziehungsgestaltung** und **Kundenbindungsmaßnahmen**.

In **Leise Menschen verkaufen anders** empfiehlt **Andreas Hoffmann** den Einsatz des **DISG Modells** des US-amerikanischen Psychologen William Moulton Marston. Das Konzept hilft Dir einfach und schnell den **Persönlichkeitstyp des Kunden** zu ermitteln und daraufhin Deine Interaktionen auszurichten. DISG typisiert Menschen entlang **vier gleichwertiger Kategorien**.

- **Dominanter Macher**: rational, anspruchsvoll, herausfordernd
- **Initiative Kreativer**: redselig, impulsiv, mitteilsam
- **Stetige Teamplayer**: unterstützend, einfühlsam, harmoniesuchend
- **Gewissenhafter Analytiker**: planend, strukturiert, qualitätsbewusst

Analysiere die **Verhaltensweisen Deines Kunden** wie Mimik, Gestik, Worte, Schrift und Interaktionen. Bestimme den **Persönlichkeitstyp** nach dem DISG Modell. Und richte Deine **Kommunikation** auf diesen Typus aus.

Welchen **Persönlichkeitstyp** besitzen Deine Kunden? Mit welchen **Kommunikations- und Handlungsmustern** kommst Du diesem nach? Nimm den Kunden dort auf, wo dieser sich befindet und bleiben möchte – in seiner Welt.

Akquise Hack #82: Mache Bestandskunden erfolgreich

„Was sind Deine Ziele? Woran wirst Du gemessen? Was ist Dir persönlich wichtig?". Ich sitze zusammen mit meinem Kunden Bruno Schmidt. Seit Jahresbeginn arbeiten wir zusammen. Direkt zu Beginn bat ich um ein 1:1 Termin. Bruno verarbeitet meine Fragen. Erst zögerlich, dann immer sicherer äußert der seine Bedarfe für die ersten beiden Quartale. Ich höre zu und gebe zu verstehen: Ich bin hier, um Dich erfolgreich zu machen.

Verhilf bestehende Kunden zum Erfolg

Die Statistiken sprechen eine eindeutige Sprache. Laut dem **Bundesverband Deutscher Unternehmensberatungen** (BDU) erzielten **Consultants** im Jahr 2020 in Deutschland rund **80 Prozent ihres Umsatzes mit Bestandskunden**. 4/5 der Erlöse resultieren aus der Ist-Kundschaft.

Dein Auftrag ist damit klar: **Customer Success Management**.

- Mache Deine **Bestandskunden** erst erfolgreich, dann glücklich und schließlich zufrieden.
- Erledige einen exzellenten Job und übertriff die **Erwartungen Deines Bestandskunden**. Sorge für Begeisterung, einem Wow-Effekt.
- Mache Dich unverzichtbar – mit Knowhow, Netzwerk und Empathie. Du lieferst **Lösungen**, mit denen Dein Kunde seine Ziele erreicht.
- Suche nach **Zusatznutzen,** den Du geben sowie weiteren **Problemfeldern,** bei denen Du helfen kannst.

Laut Quellen ist die Einwerbung eines Neukunden etwa siebenmal so teuer wie die **Auftragsverlängerung beim Bestandskunden**.

Bestandskunden unterstützen Dich mit **Weiterbeauftragung, Empfehlung** und **Mandatserweiterung**. Sie sorgen dafür, dass Du am Markt knapp verfügbar und damit begehrt bleibst. Sie helfen bei der **Optimierung Deines Beratungsangebots**, dem Aufbau von zusätzlichem geistigem Eigentum.

Was bedeutet für Deinen Kunden **beruflicher und persönlicher Erfolg**? Welche **Themen** treiben ihn um? Der **beste Tag** für ein Customer Success Management ist heute. Bleib nah am Kunden dran.

Akquise Hack #83: Unterstütze den Kunden beim Aufstieg

Sommer 2021. Ich unterstütze die Leitung eines IT-Projektprogrammes in der Steuerung von acht Projekten. Einer der Leiter ist Alexander. Obwohl schon Ende 30, ist Alex erst kurz im Projektgeschäft. In wöchentlichen Statussitzungen teile ich breitwillig mein Knowhow im Management von IT-Projekten. Alex ist dankbar und greift meine Ratschläge auf. Ende des Jahres wird er befördert. Auch 2022 unterstütze ich sein Projekt zum attraktiven Tagessatz.

Hilf Deinem Kunden beim Erklimmen der internen Karriereleiter

Kunden haben **Ziele**. In der Linie. Im Projekt. Und ganz allgemein im Beruf. Hilf Deinem Kunden seine Ziele zu erreichen und er wird in Deinem **Consulting** ein **Garant für den eigenen Erfolg** sehen.

Oft kommen die offiziellen Ziele eines Kunden vom direkten **Vorgesetzten**. Als **geistige Hilfe** und **kapazitive Entlastung** wird externe Unterstützung in Form Deiner Beratung gewährt.

- Sprich Deinen Kunden auf seine **offiziellen Ziele** an. Woran wird er gemessen? Welcher Zustand muss bis wann eintreten?
- Erfrage außerdem seine **individuellen Ziele** im Job. Was ist ihm persönlich wichtig? Wo will er nach dem gemeinsamen Engagement stehen?
- Berücksichtige die **politischen Randbedingungen** im Unternehmen. Ihr wollt nicht recht haben, sondern gemeinsam die gesteckten Ziele erfüllen.

Erreicht ein Kunde mit Deiner Unterstützung seine offiziellen und individuellen Ziele, wird er auf der **Karriereleiter** aufsteigen. Und in der Regel mehr Consulting von Dir wollen. Auch wenn er seine Firma verlässt, wird er Deine Beratung mit Aufstieg assoziieren und Dich aus seiner neuen Anstellung beauftragen wollen.

Kennst Du die aktuellen **Zielvorstellungen und Karrierepläne** Deines Kunden? Worin liegt sein **Antrieb**? Was ist aus seiner Sicht wichtig? Wirklich wichtig? **Monatliche Reviews** bieten eine prima Möglichkeit die beruflichen Absichten gemeinsam zu erkunden.

Akquise Hack #84: Initiiere Performance Reviews

Februar 2021. Projektstart bei Erkan. Ich begleite den Kunden in der Steuerung eines IT-Großprojektes. Unser Ziel ist die Entwicklung und das Ausrollen digitaler Arbeitsabläufe. Erkan ist frischgebackener Projektleiter. Bisher war er nur in der Linie tätig, das Aussteuern von Unternehmensberater ist ihm fremd. Gleich am ersten Tag nehme ich Erkan zu Seite: „Lass uns ein Performance Meeting vereinbaren.“

Schlage dem Kunden ein regelmäßiges Performance Meeting vor

Ist Dein **Kunde** erfolgreich, dann bist auch Du als sein **Unternehmensberater** erfolgreich. Vereinbare nach Projektbeginn ein wiederkehrendes **Performance Meeting** im **3-bis-6-Wochenrhythmus**. In diesem 30-minütigen Regeltreffen…

- prüft ihr Dein **Beratungsangebot** bzgl. erreichter **Ziele und Ergebnisse**,
- vereinbart ihr **Prioritäten und Folgeschritte** für die nächsten Wochen,
- teilt Eure Sichtweise auf **Stakeholder und Rahmenbedingungen** und
- optimiert Eure **operative Zusammenarbeit**.

Dem Kunden gibt das Performance Meeting explizite **Kontrolle** über Deine Unterstützung. Er steuert die **Zusammenarbeit**. Er entscheidet über Deinen Fokus. Er sitzt im Fahrersitz. Gerade **junge Kundenpersonen** haben oft **eingeschränkte Erfahrung** in der Leitung externer Berater und sind Dir für das Angebot in Führung zu gehen dankbar.

Dir gibt das fixe Performance Meeting einen **institutionalisierten Anlass** nah am Kunden zu sein und ihn noch besser zu verstehen. Was treibt ihn aktuell? Wo kannst Du noch aushelfen? Was steht nächste Woche, nächsten Monat, nächstes Quartal an? Jedes Treffen erlaubt die **Vertrauensbeziehung** zu stärken und Dich ganz nebenbei für **Anschluss- und Zusatzgeschäft** zu qualifizieren.

Wann hatten Dein Kunde und Du das letzte **One-on-One**? Weißt Du, was gerade in dem **Kopf Deines Kunden** vorgeht? Auch wenn der Kalender vor Sitzungen zu platzen droht – vereinbare ein wiederkehrendes Performance Meeting.

Akquise Hack #85: Steigere Deine Vertrauenswürdigkeit

„Der Schmidt vertraut mir nicht. Und das nach 3 Wochen Projektarbeit. Er beäugt mich weiterhin argwöhnisch, möchte jedes Ergebnis sehen und kontrolliert penibel meine Zeiterfassung.". Sebastian sieht mich ratlos an. „Meinst Du, Dein Verhalt weckt bei ihm Vertrauen?" will ich wissen.

Arbeite an Deiner Glaubwürdigkeit, Zuverlässigkeit und Intimität

Consulting ist **People Business**. Im Kern dieser Weisheit steht die **Beziehung zwischen Kunde und Berater**. Im Optimalfall ist diese **warm und herzlich** und von **Vertrauen** geprägt. Der Berater vertraut dem vertrauenswürdigen Kunden. Der Kunde vertraut dem vertrauenswürdigen Berater.

Im Buch **The Trusted Advisor** stellen **David H. Maister**, **Robert M. Galford** und **Charles H. Green** die Trusted Equation vor. Jede Komponente rangiert auf einer Skala zwischen 1 und 10.

Vertrauenswürdigkeit = (Glaubwürdigkeit + Zuverlässigkeit + Intimität) / Selbstorientierung

- **Glaubwürdigkeit**: Die vom Kunden wahrgenommene Glaubwürdigkeit für Deine fachlichen, methodischen und sozialen Kompetenzen.
- **Zuverlässigkeit**: Deine Verlässlichkeit, Konsistenz und Integrität aus der Sicht des Kunden.
- **Intimität**: Persönliche Vertrautheit, Empathie und Offenheit eines Kunden gegenüber Dir als Berater.
- **Selbstorientierung**: Fokussierung auf das eigene Wohl, persönliche Fortkommen und individuellen Interesse.

Vertrauenswürdigkeit übersteht nicht über Nacht. Arbeite kontinuierlich an Deiner **Glaubwürdigkeit, Zuverlässigkeit** und **Intimität**. Überlege, ob eine **Handlung** wirklich **im Interesse des Kunden** liegt.

Welches **Vertrauen** schenken Dir heute der Kunden? Wie erhöhst Du Deine **Vertrauenswürdigkeit**? Ihr sitzt beide im gleichen **Projektboot**.

Akquise Hack #86: Wähle Deine Sprache bewusst

Berater-Stammtisch in München. „Nein, das Offering können wir heute nicht mehr an Kunden verkaufen. Das Topic ist am Markt durch.". Die Wortwahl der Kollegin irritiert mich. Consulting Buzzwords. Ich-Bezogenheit. Fehlende Prägnanz. Ihre Sprache schreckt mich ab. Ich verabschiede mich und gehe zu einem anderen Tisch. Dieses Gespräch sorgt bei mir für schlechte Laune.

Beeinflusse mit Deiner Sprache die Kundenentscheidungen

Schon **Johann Wolfgang von Goethe** dichtete: *„Ein ausgesprochenes Wort fordert sich selbst wieder.".* **Sprache** aktiviert. Sie ruft **Bilder** hervor, schafft **ungewohnte Darstellungen** und Strukturen, lenkt die **Blicke**, regt zum **Nachdenken** an, emotionalisiert trockene Erklärungen und macht Dein Gegenüber neugierig.

Sprache prägt unser Denken, **Denken** wiederum unser **Handeln**. Überprüfe bei jeder Kommunikation mit dem Kunden fortlaufend Deine Sprache. Steige auf die Ebene Deiner **Worte** ab und feile an diesen. Mache aus einen x-beliebigen Austausch, einen **persönlichen Austausch**. Einige Anregungen.

- Helfen, unterstützen und entlasten, statt verkaufen
- Sie, Du und Wir, statt Ich
- Ihre Angestellten, statt die Angestellten
- Einfach, klar und bildhaft, statt abstrakt
- Zukunftsorientiert, konstruktiv und auf Augenhöhe, statt vorschreibend
- Lieblingsvokabeln und Floskeln des Klienten, statt Beratersprech

Deine **Sprache** bestimmt die einzelne Interaktion **mit dem Kunden**. Die Summe der Interaktionen definiert Eure **Beziehung**. Schließlich bildet eine belastbare Kundenbeziehung die Basis für weitere **Zusammenarbeit**.

Welche Worte verwendest Du in **Gesprächen** mit Kunden? Bist Du Verkäufer von Beratung oder **Helfer für Änderungsentscheidungen**? Positives Kommunizieren ist ein **Handwerk**, dass von Praxis und Übung profitiert.

Akquise Hack #87: Fahre Beratungsprojekte parallel

Mai 2023. Seit vorletzten Montag habe ich ein Problem. Laut dem Kunden hängt meine Beauftragung weiter beim Einkauf. Dieser zögert mit der Freigabe. Die internen Genehmigungsprozesse ziehen sich. Noch eine Woche, dann läuft meine Beauftragung aus. Für den Kunden heißt das: keine weitere Unterstützung durch den Berater. Für mich: keine weitere Vergütung durch den Kunden. Wie gut, dass ich parallel ein zweites kleines Kundenprojekt fahre.

Unterstütze in zwei bis drei Kundenprojekten gleichzeitig

Als **Unternehmensberater** hast Du **Wahlfreiheit**: Welchen **Kunden**, in welchen **Unternehmen** willst Du zu in welchem **Zeitraum** mit Deiner **Expertise** helfen. Theoretisch. Denn Deine Beauftragung hängt vom **Kundenbedarf**, Deiner **Verfügbarkeit** und den **Rahmenbedingungen** im Kundenunternehmen ab.

Gerade diese Rahmenbedingungen sorgen regelmäßig dafür, dass sich Dein Engagement verzögert, verkürzt oder ganz ausfällt. Der **Einkauf** stellt sich quer. Die **Kundenchefin** verlangt ein Vergleichsangebot. Die **Unternehmensführung** verhängt einen Beauftragungsstopp für Externe. Der Kunde will, Du willst, der Kontext erlaubt es jedoch nicht. Dein Einfluss daran etwas zu ändern ist null.

Mit **zwei parallel** verlaufenden **Consulting Projekten…**

* reduzierst Du das **Risiko** plötzlich ohne Mandat und Honorar dazustehen,
* wirst Du wegen **eingeschränkter Verfügbarkeit** für Kunden wertvoller,
* besitzt Du eine **Alternative bei Verhandlungen** zu Deinem Tagessatz,
* verringerst Du **unvergütetes Warten** auf Zuarbeit oder Entscheidungen,
* vergrößerst Du Dein **Kontaktnetzwerk** und damit die Zahl potentieller neuer Klienten in zwei Unternehmen(steilen) und
* erhöhst Du die Chance auf **Folgeprojekte** bei beiden Bestandskunden.

Zu viele Projekte sind des Beraters Tod. Nach meiner Erfahrung sollten es **maximal drei Engagements** sein in denen Du überlappend wirkst.

Mit welchen **Maßnahmen** sorgst Du dafür, dass Dir nicht kurzfristig ein Mandat wegbricht? Die Corona Pandemie hat **Remote Consulting** salonfähig gemacht. Zwei Engagements parallel zu unterstützen ist einfacher denn je.

Akquise Hack #88: Wehre Beratungskonkurrenz ab

Wer war denn das gerade an der Tür des Beratungskunden? Schickes Kostüm. Stylische Tasche. Selbstsicheres Auftreten. Ich betrete das Kundenbüro und erhasche gerade noch einen Blick auf die vom Projektor angestrahlte Präsentationsfolie. Alarmstufe: Rot. Unser Mandant spricht mit dem Wettbewerb.

Wehre Wettbewerbsberatungen gezielt ab

Aus Kundensicht sprechen mehrerer **Gründe für Deine Weiterbeauftragung** als **Stammberatung**.

- **Kontinuität**: Du bist ist eingearbeitet, mit der Kundenorganisation, ihren Prozessen und Systemen vertraut. Das Projekt läuft nahtlos weiter.
- **Blitzstart**: Einarbeitungs- und Anlernaufgaben für Deinen Kunden entfallen. Als Status-Quo-Beratung segelst Du bereits auf Flughöhe.
- **Vertrauen**: Der Kunde kennt Deine Arbeitsweise und Ergebnisse, schätzt Dich und weiß, war er erwarten kann und fordern darf.
- **Detailwissen**: Im noch laufenden Mandat konntest Du spezifische Fachkenntnisse aufbauen. Diese sind für den Projektfortschritt kritisch.

Versuche als **Haus- und Hofberater** über (kleinere und größere) Folgeaufträge weiterzumachen und Deine ‚Sicher im Sattel'-Situation auszunutzen. Auf Basis des Kundenwissens legst Du **passgenaue Beratungsangebote** zu **kompetitiven Tagessätzen**. Erinnere den Kunden an die **Beständigkeit**, stetige **Verbesserung** und **vertrauensvolle Beziehung**. Never Change a running System.

Unterstreiche Deine **Stärken** und die gemeinsam **erarbeiteten Erfolge**. Je tiefer Du mit Prozess-Knowhow, System-Schnittstellen, Tool-/Raum-Zugängen und Personennetzwerken in die Kundenstrukturen eingebettet bist, desto höher die **Wechselkosten** für den Kunden. Auch würde die Wahl einer Alternativberatung seine frühere Entscheidung in Frage stellen.

Weshalb sollte ein Klient Dir als **Bestandsberatung** treu bleiben? Wie kannst Du den **Lock-In auf Deine Firma** für den Kunden vergrößern? Agiere nah am Kunden und mache diesen erfolgreich.

Akquise Hack #89: Experimentiere mit Tools

Verdammt. Unsere Customer Relationship Management Software hat schon wieder eine neue Benutzeroberfläche. Ich finde die Filterfunktion für die Bestandskontakte nicht mehr. Für mich bedeuten diese Spontanänderungen Digitalstress. Hinzu kommt die saftige Preiserhöhung seit Jahresbeginn. Wir sollten über einen Tool-Wechsel nachdenken. Doch wer erledigt das Softwareauswahl- und Datenmigrationsprojekt?

Teste Software-Tools und behalte solche mit wirklichem Nutzen

Die Möglichkeiten die **Consulting Akquise** mit Software zu befeuern sind enorm. Eine Auswahl:

- **Marketing**: Web-Analytics, E-Mailing, Webinare
- **Vertrieb**: Kontaktverwaltung, Angebotsmanagement, Auftragsabwicklung
- **Bindung**: Kundenerfolg, Projektevaluierung, Referenzmanagement
- **Unternehmen**: Rechnungsstellung, Buchhaltung, Vertragsmanagement

Ob Salesforce, Loom oder lexoffice: **Software-Anbieter** versprechen **große Erfolge** bei **minimalem Aufwand**. Pay-as-you-Go Bezahlmodelle, sofortige Cloud-Nutzung und ansprechende User-Interfaces locken. Agiere konservativ. Jedes Tool erfordert **Einarbeitung**, **Integration** und **Pflege**. Dazu kommen die **Lizenzkosten** sowie die **Abhängigkeit vom Hersteller**.

Bevorzuge zu Beginn **Praktikanten und Werkstudierende** gegenüber Software. Du möchtest Deine Kunden begeistern und nicht zum Softwareexperten mutieren. Experimentiere mit etablierten Lösungen und behalte solche mit einem wiederkehrenden Mehrwert. Achte auf die **Datenschutzbestimmungen**.

Welchen Aufwand verursacht Deine **Software-Tool-Kette**? Wie hoch ist ihr **tatsächlicher Nutzen**? Tools sind Mittel zum Zweck. Oder wie es der US-Informatiker Grady Booch sagen würde: *„A Fool with a Tool is still a Fool!"*.

Akquise Hack #90: Versende klassische Postkarten

Juli 2021. Vor mir liegt ein Stapel frankierter Postkarten, ein Kugelschreiber und eine Liste mit Bestands- und Exkunden. Der Nachmittag ist fürs Schreiben reserviert. Letztes Jahr traf diese Aktion voll ins Schwarze. Mit 5 der angeschriebenen 30 Kundenkontakte kamen wir ins Gespräch. Insgesamt entstanden zwei neue Beratungsmandate. Ich bin gespannt, wohin die sommerlichen Grüße unsere Firma dieses Jahr führen.

Bedenke Kunden mit einem physischen Postkartengruß

Kunden gehen in der **digitalen Informationsflut** unter. E-Mails, Chat-Anfragen, Meeting-Protokolle, Video-Botschaften – (fast) jede Nachricht ist dringend und wichtig.

Deine **haptische Karte** zugestellt auf **traditionellem Postweg** sticht aus dieser Infowelle heraus, speziell, falls der Gruß unerwartet beim Kunden eintrifft. Eine **handgeschriebene, ehrlich formulierte Postkarte**…

- …signalisiert persönliche **Wertschätzung und Aufmerksamkeit** für die aktuellen Ereignisse, Aufgaben und Veränderungen beim Kunden.
- …lässt sich schwerer entsorgen als elektronische Post und bleibt somit länger im **Aufmerksamkeitsfeld** des Kunden.
- …repräsentiert einen **physischen Aufhänger** für die Vertiefung von Beziehung und Themen in einem anschließenden Gespräch.

In der Geschäftswelt sind Weihnachtskarten etabliert. Quellen sprechen von 50 bis 80 Millionen Firmenweihnachtskarten, die in den Dezemberwochen zwischen deutschen Unternehmen kursieren. Statt Deinem Kunden Weihnachtsgruß #21 zu senden, wählst Du **alternative Versandzeitpunkte**. Ob Neujahr, Ostern oder Sommer, Beförderung, Stellenwechsel oder Firmenexpansion – es gibt immer Gründe der **postalischen Kontaktaufnahme**.

Wann hast Du das letzte Mal eine **physische Postkarte** erhalten? Wann an Deine Kunden gesendet? Mache es wie **Joe Girard**, der **erfolgreichste Autoverkäufer** der USA. Versende Postkarten und wertschätze die **gemeinsamen Erfolge** mit aktuellen und ehemaligen Beratungskunden.

Akquise Hack #91: Halte Vorträge mit Kunden

November 2022. Der Call for Speakers für eine Business Analyse Konferenz in Frankfurt am Main im nächsten Frühling flattert in meine Postbox. Die Themen sind spannend und passen zu meinem Beratungsmandat. Auch kenne ich den Konferenzveranstalter. Weshalb nicht beim aktuellen Kunden einen gemeinsamen Vortrag anregen? Schließlich ist unser Projekt ein Erfolg.

Referiere mit Deinem Kunden zum gemeinsamen Erfolgsprojekt

Nutze die Gelegenheit eines **Praxisvortrags** zum Beratungsprojekt **gemeinsam mit dem Kunden**. Zwei Spielarten sind möglich: Der Kunde referiert allein auf einem von Dir organisierten Event oder ihr beide sprecht zusammen auf der Bühne eines Dritten. Die Vorteile aus Deiner Sicht:

- **Marketing** in eigener Sache. Der Kunde berichtet den Teilnehmern über sein Projekt und ganz automatisch die positiven Effekte Deiner Beratung.
- Verstärkung der **Kunden-Berater-Beziehung**. Neben dem Projekt habt Ihr beide ein weiteres Ziel – einen erfolgreichen Fachvortrag.
- **Höhere Chance** auf einen Speaker Slot und vollen Vortragssaal. Teilnehmer und Veranstalter bevorzugen Beiträge aus der Industrie, statt von Beratern.

Gemeinsame Vorträge sind auch für den Kunden zuträglich. Neben einen nicht zu unterschätzenden Push von **Ruhm und Ehre** teilt dieser mit Seinesgleichen eine karrierefördernde **Erfolgsgeschichte** und erhöht die **Reputation** außerhalb der eigenen Firma.

Star des Vortrags ist der Kunde und sein Erfolg. Dieser berichtet ehrlich und offen über **Situation**, **Herausforderungen**, **Vorgehen**, **Ergebnisse** und **Mehrwert** des Projektes. Du unterstützt links und rechts mit **unterhaltsamen Erkenntnissen** zu Erfolgsfaktoren und Fallstricken.

Welche **Konferenzveranstalter** sind an Inhalten aus Deinem Kundenprojekt interessiert? Welche Deiner **Bestandskunden** sind öffentlichen Präsentationen zugeneigt? Erzählt zusammen eine **glaubwürdige Projektgeschichte**.

Akquise Hack #92: Frage die Nutzung des Kundenlogos an

Audi. Coco Cola. Deutsche Bank. Wow. Die Logos großer und bekannter Unternehmen blinken mich auf der Webseite unseres Wettbewerbers an. Das macht Eindruck. Erzeugt Vertrauen. Signalisiert Internationalität. Auf unserer Firmen-Page klafft dagegen gähnende Leere. Keine Logos. Keine Kunden. Keine Glaubwürdigkeit. Das müssen wir ändern.

Erfrage bei Projekterfolg die Verwendung des Kundenlogos an

Menschen können **Bilder** besser erfassen und behalten als Texte. Befindet sich Dein Projekt auf der Zielgeraden, bittest Du den Kunden um den **Einsatz seines Firmenlogos** auf Deiner **Unternehmenspräsentation und Webseite**.

Generell gilt: Je **kleiner das Kundenunternehmen**, desto einfacher und schneller erhältst Du die Erlaubnis für eine Logonutzung. Nachteilig ist der **geringe Bekanntheitsgrad**. Außerhalb der Branche kennt den Kunden keiner.

Möchtest Du das Logo von großen bekannten **Mittelständlern und Konzernen** einsetzen, wird die Einwerbung kompliziert. Nach dem Einverständnis des Kunden muss die **Firmenkommunikation**, **Public Relations** oder **Marketing** von Dir angefragt und überzeugt werden. Das dauert. Die Mühlen mahlen langsam, schließlich forderst Du von einem Bereich, der nichts von Dir erhalten hat. Zudem haben große Kundenfirmen **harte Auflagen** an die Logo-Nutzung wie…

- **Verwendung** für kommerzielle Zwecke (z.B. nur für Webseite)
- **Größe und Auflösung** bei Präsentation (z.B. mind. 100x100 Pixel)
- **Platzierung** auf dem Medium (z.B. Pixelabstand zum Nachbarlogo)

Binde **drei oder mehr Logos** in Dein Marketingmaterial ein. Überlege genau, ob Du Dir das **Kunden-Logo** qua **Beratungsangebot** zusichern lassen willst. Die Forderung ist eine **zusätzliche Hürde**, dessen Entscheidung oft außerhalb des Einflussbereichs des direkten Kunden liegt.

Welche **Kundenlogos** hast Du einsammeln können? Wie präsentierst Du diese in Deinem Marketingmaterial? Archiviere die **Einverständniserklärung** für den Fall, dass Du später einmal auf die Nutzungserlaubnis angesprochen wirst.

Akquise Hack #93: Erbitte eine persönliche Empfehlung

Und wieder lacht es mich im Fitnessstudio an: das Banner mit der Aufforderung "Bring your Friend.". Augsburg: Nach einem Bietergespräch bei einem Maschinenbauer belohne ich meinen Einsatz mit etwas Sport.
Ganz offensichtlich macht die Fitnesskette aus ihren Mitgliedern Vertriebsmitarbeiter. Eigentlich smart. Erfolgreiche Kunden, die gerne weiterempfehlen, sind der beste Beweis für eine Dienstleistung.

Frage beim Kunden eine Weiterempfehlung an geneigte Kontakte an

Ist ein **Bestandskunde** mit Deiner **Arbeit** und den **Ergebnissen** offenkundig zufrieden und der Meinung andere Personen sollten ebenfalls von Deiner Beratung profitieren, dann fragst Du eine **Weiterempfehlung** an. Nutze dazu folgenden Satz:

„Sehr geehrter Kunde, wenn Sie jetzt in Gedanken in Ihrem professionellen Netzwerk unterwegs sind: Wer hat aktuell ein ähnliches Problem wie Sie und könnte unsere Beratungsunterstützung gebrauchen? Vielleicht fallen Ihnen 1-2 Menschen aus Umfeld ein, die mit einer ähnlichen Situation kämpfen."

Eine Empfehlung ist kein Gefallen. Vielmehr schaffen Dein Bestandskunde und Du gemeinsam ein **Win-Win-Win**.

- Dein **Bestandskunde** hat dem potentiellen Neukunden durch die Weiterempfehlung eines guten Beraters einen Gefallen getan.
- Der mögliche **Neukunde** profitiert von dem Nutzen Deiner Beratung.
- Du als **Unternehmensberater** profitierst von einem zufriedenen Bestandskunden und einem potentiellen neuen Klienten.

Je persönlicher die Empfehlung, desto besser. Die Mail zwischen Bestands- und Neukunden ist gut, das Telefonat besser, der **persönliche Austausch** am besten. Der Neukunde steht Dir offen gegenüber, sobald der Bestandskunde sich die Zeit nimmt, Dich im **direkten Gespräch** einzuführen und weiterzuempfehlen.

Welcher **Kunde** ist erfolgreich, zufrieden und glücklich mit Deiner Beratung? Kennt diese Person **Kollegen**, die ebenfalls Deine Unterstützung goutieren?

Akquise Hack #94: Bitte den Kunden um Feedback

„Waren Sie zufrieden mit Ihrem Hotelzimmer?". Nicht schon wieder. Mich nerven diese Aufforderungen zum Kunden-Feedback. Nimmt an solchen 08/15 E-Mailanfragen überhaupt jemand teil? Ich überlege. Und falls mich nun die Rezeptionistin beim Check-out angelächelt und um eine ehrliche Rückmeldung gebeten hätte? Wäre dann meine Bereitschaft größer gewesen? Ich nicke.

Nutze die Rückmeldung des Kunden für Akquise und Entwicklung

Ein **Feedbackbogen** ist eine **einfache und verbreitete Möglichkeit** um...

- die **Meinung des Kunden** zur **erbrachten Beratung** strukturiert zu erfassen,
- **Optimierungsmöglichkeiten** in Deinem Consulting aufzuspüren und
- die **Kunden-Berater-Beziehung** zu festigen.

Nutze das Werkzeug **während oder kurz nach dem Beratungsprojekt**. Ermittle standardisiert, ob und zu welchem Grad die **Anforderungen des Kunden** an Deine Beratung (über)erfüllt wurden. Räume zudem ein, nicht perfekt zu handeln und offen für **konstruktive Verbesserungsvorschläge** zu sein.

Inzwischen haben sich **Online-Bögen** durchgesetzt. Achte beim Aufbau auf...

- eine kompakte, übersichtliche und einladende **Struktur**,
- ein Minimum an offenen und halboffenen **Fragen** sowie
- einfach verständliche **Frageninhalte**.

Sichere Datenschutz und Diskretion zu. Bringe auch in Erfahrung, ob Du das Kundenfeedback als **Referenz mit Klarnamen** oder zumindest anonymisiert einsetzen darfst. Positive Antworten eigenen sich als **Kundenstimme auf der Firmen-Webseite**, in **Case Studies** oder in der **Unternehmenspräsentation**.

Hast Du einen etablierten **Kundenfeedbackprozess**? Wie fließen die **Rückmeldungen** in Deine Akquise und Beratung ein? Bitte den Kunden in einer letzten Sitzung persönlich um ein 10-minütiges **Review**.

Akquise Hack #95: Entwickle Geschäft beim Bestandskunden

Workshop bei einem bayrischen Industrieunternehmen. Ich werde Zeuge eines internen Kundengesprächs. „Wir können den IT-Dienstleister nicht kündigen. Dieser unterstützt mit 10 Entwicklern. Wie sollen wir das kompensieren?". Ich lerne: Große Consulting Mandate sind unkündbare Consulting Mandate.

Baue Dein Engagement beim Bestandskunden beständig aus

Je größer Dein **Beratungsmandat** beim Kunden, desto bedeutender ist Dein Beitrag für ihn. **Kleine Engagements** können angehalten, verschoben oder mit Internen beendet werden. Bei großflächiger **externer Unterstützung** ist eine Aufkündigung der Zusammenarbeit nur schwer möglich.

Erweitere ein **laufendes Kundenmandat**. Zwei Richtungen sind möglich:

- **Up-Selling:** Du entlastest den Kunden umfassender im gleichen Thema. Beispielsweise statt 10 Change Workshops, 20 Arbeitstermine.
- **Cross-Selling**: Du unterstützt den Kunden in einem zusätzlichen Thema. Beispielsweise nach Prozessanalyse die Anforderungsdokumentation.

Kein **Over-Selling**. Du möchtest den Kunden nicht zu fachfremden Fragen beraten bzw. ihn mehr Hilfe angedeihen lassen, als dieser tatsächlich braucht.

Achte auf die **Gegenbewegungen im Bestandskundengeschäft**.

- **Down-Selling:** Der Kunde reduziert seinen Bedarf an Deiner Beratung. Beispielsweise statt Koordination von 8, nur noch 4 Teilprojekte.
- **Churn:** Der Kunde stellt die Zusammenarbeit mit Dir ein. Beispielsweise keine Verlängerung oder Alternativbeauftragung nach Projektende.

Consulting ist **Bestandskundengeschäft**. Berater sind **Farmer**, nicht Jäger. Laut dem Bundesverband Deutscher Unternehmensberatungen erzielen Consultants 80% ihres Umsatzes mit Bestandsklienten. Erhöhe den Bedarf durch eine exzellente Unterstützung und einen in Aussicht gestellten **Zusatznutzen**.

Wie kannst Du zukünftige **Bestellgrößen** erweitern? Womit erhöhst Du die **Bestellfrequenz** beim Kunden? Erweitere Dein Engagement bei Kunden.

Akquise Hack #96: Lote früh Anschlussgeschäft aus

Noch vier Wochen, dann bin ich mit meinem aktuellen Beratungsengagement endgültig durch. Bisher hat mein Stammkunde noch keine Weiterbeauftragung signalisiert. Auch von etwaigen Neukunden fehlt bisher jede Spur. Mache ich mir beim Folgegeschäft zu früh Sorgen?

Suche im letzten Projektdrittel nach einem Anschlussprojekt

In seinem Ratgeber **Million Dollar Consulting** empfiehlt **Alan Weiss** einen Folgeauftrag zu **Beginn des letzten Drittels** des noch laufenden Engagements zu sichern. Zu diesem Zeitpunkt ist das **Projektende** bereits absehbar. Es bleibt Dir aber noch **ausreichend Spielraum** lukrative Anschlussgeschäfte aufzutun.

Erste Stoßrichtung für eine **Folgebeauftragung** ist der **Bestandskunde**. Hier bist Du präsent, zeigst Leistung, stehst in enger Beziehung. Zwei Möglichkeiten:

- **Ergänzender Folgeauftrag** – gleiche Aufgaben beim gleichen Kunden
- **Erweiterter Folgeauftrag** – neue Aufgaben beim gleichen Kunden

Sollte der aktuelle Klient rundum sorglos sein, gilt Deine zweite Stoßrichtung den **vergangenen Bestandskunden**. Sind auch diese bedient, geht Dein dritter Versuch an potentielle **Neukunden**. Erneut stehst Du vor zwei Optionen.

- **Transferierender Folgeauftrag** – gleiche Aufgabe beim neuen Kunden
- **Explorativer Folgeauftrag** – neue Aufgabe beim neuen Kunden

Meine Erfahrungen decken sich mit denen von Alan Weiss. 40% bzw. 30% fallen auf ergänzende bzw. erweiterte Folgethemen bei Bestandsklienten. Hingegen gewinnst Du nur 20% bzw. 10% Deines Anschlussgeschäftes in transferierenden bzw. explorativen Aufträgen bei Neukunden.

Wie groß sind Deine **zeitlichen Lücken** zwischen zwei Beratungsprojekten? Welche **Stoßrichtung** funktioniert in Deiner Praxis? Neues Beratungsgeschäft entsteht selten von selbst, sondern muss aktiv eingeworben werden. Investiere fortwährend in **Marketing**, **Netzwerk** und **Knowhow**.

Akquise Hack #97: Bringe Dich planvoll ins Alternativprojekt

Ohne Vorwarnung trifft es mich wie der Blitz – das bisher sicher geglaubte Beratungsprojekt wird es nicht geben. Der Kunde gibt kleinlaut zu, dass sein Budget urplötzlich gestrichen wurde. Auf Anweisung von ganz oben. Und das nach einer mündlichen Zusage. Kein Mandat. Kein Honorar. Viel Zeit. Zeit systematisch in ein bezahltes Alternativengagement zurückzufinden.

Verschaffe Dir systematisch alternative Projektmöglichkeiten

Ein **verlorenes Angebot**. Eine **Verzögerung des Anschlussprojektes**. Ein **Voll-Stopp** im aktuellen Engagement. Die Gründe urplötzlich **ohne Beratungsmandat** dazustehen, sind vielfältig. Dein Problem: Jeder **unbezahlte Beratungstag** knappert an Deinem Umsatz, Deiner Auslastung, Deinem Gewinn und auch ein klein bisschen an Deinem Ego.

Wo eine Tür zugeht, öffnet sich bald die Nächste. Zeit für einen **7-Stufen-Plan**:

1. **Noch-/Fast-Projekt zurückgewinnen**: Spüre die Ursachen für den Abbruch auf und mache Vorschläge. Umwidmung, Verkleinerung, Verschiebung...
2. **Bestandskunden reaktivieren**: Melde Dich bei vergangenen Klienten mit nutzbringenden Infos. Buchtipp, Kontaktvorschlag, Konferenzhinweis...
3. **Beratungspartner kontaktieren**: Nach langer Einzahlungsphase, darfst Du jetzt vom Partnerkonto abheben. Unterstützung, Trainings, Vermittlung...
4. **Vermittler aktivieren**: Frage bei Consulting Plattformen, Freelance Portale und Personaldienstleister an. Mit Beraterprofil, Online-Präsenzen, CV...
5. **Marketing hochfahren**: Erstelle und verbreite nützliche, relevante und zugängliche Inhalte. Blogartikel, Business Podcast, Konferenzbeitrag...
6. **Themen entwickeln**: Konzipiere und verprobe neue Beratungsangebote. Bei ehemaligen Kunden, während der Bedarfsanalyse, in Webinaren...
7. **Weiterbildung forcieren**: Investiere in Dein Qualifikations- und Zertifikateportfolio. Online-Trainings, Fachtagungen, Zusatzausbildungen...

Irgendwann trifft es auch den begnadetsten Consultant – ein **geplantes oder aktuell laufendes Beratungsmandat** löst sich kurzerhand in Rauch auf.

Welche **Notfallpläne** liegen in Deiner Schublade? Wie aktuell sind diese **Backup-Lösungen**? Nutze die Zeit und gehe gestärkt aus dem **Consulting Supergau**.

Akquise Hack #98: Bleibe für Exkunden relevant

Mitte 2022. Die Projektvorschläge trudeln nur so ein. Es erreichen uns mehr Anfragen, als unsere kleine Firma zeitgleich stemmen kann. Das Geschäft brummt, wir eilen von Neukunden zu Neukunden. Und vernachlässigten die wichtigste Säule im Geschäftsmodell Consulting: ehemalige Kunden. 6 Monate später. Alle Engagements sind abgearbeitet und unsere Projektpipeline trocknet aus. Kein Neukunde. Kein Bestandskunde. Gar nichts.

Bleibe auf dem Radar lukrativer Exkunden

Ehemalige Kunden vertrauen Dir. Sie vergeben **große Projekte** und haben eine **geringere Preissensibilität** als Neukunden. Auch empfehlen sie Dein Beratungshaus weiter. Schließlich verläuft die **Akquise** bei bekannter Kundschaft geschmeidiger, immerhin habt ihr schon einmal zusammengewirkt.

Laut Quellen ist die Gewinnung eines Mandats beim Exkunden viermal einfacher als beim Neukunden. Bleibe mit ehemaligen Kunden lose in **Kontakt**. Erhöhe die **langfristige partnerschaftliche Bindung**.

- Erinnere mit **nutzbringenden Inhalten** an Eure Zusammenarbeit. Studien, Webinar-Events und Buchtipps kosten Dich wenig und helfen weiter.
- Sende einmal jährlich **postalische Grüße**. Nicht zu Weihnachten – das wird erwartet. Besser sind Neujahrs-, Oster- oder Sommerkarten.
- Consulting ist **Networking**. Bringe bestehende Kunden miteinander in Kontakt. Überlege, wer von wem für welches Problem profitieren kann.
- Führe einen jährlichen **Kundenkontakttag** durch. An diesem meldest Du Dich bei früheren Klienten auf deren bevorzugten Kommunikationskanal.

Kümmere Dich um Deine **angestammten Kunden**. Sie haben mindestens einmal auf Deine Beratung gesetzt und werden es wieder tun. Für sie ist Deine Beauftragung naheliegend. Die geschäftliche und persönliche **Beziehung** ist etabliert, die **Beauftragung und Zusammenarbeit** eingespielt, das Risiko eines Fehlgriffs gering.

Wie gestaltet sich Dein **After Sales Prozess**? Vor welchen **Herausforderungen** stehen Deine Kunden aus dem letzten Jahr? Ein Exkunde meldet sich nie von selbst. Du musst aktiv werden. Säe heute. Und Du wirst morgen ernten.

Akquise Hack #99: Reaktiviere ehemalige Kunden

So langsam sollte ich aktiv werden. April 2023. Mein aktuelles Beratungsprojekt läuft Ende des nächsten Monats aus. Ein Folgemandat beim Bestandskunden ist weit und breit nicht in Sicht. Anlass genug, um mit früheren Klienten in Kontakt zu treten und eine erneute Zusammenarbeit auszuloten. Doch nach Monaten der Funkstille einfach wieder anklopfen? Aus dem Nichts?

Gewinne Exkunden mit einem systematischen Vorgehen zurück

Ist die **Folgebeauftragung** beim Bestandskunden nicht möglich, gewinnst Du **neue Beratungsmandate** am schnellsten und einfachsten bei **Ex-Auftraggebern**. Dein **Einarbeitungsaufwand** bei einem früheren Kunden reduziert sich auf ein **Minimum**. Eine **professionelle Beziehung** besteht. Die Risiken einer erneuten Zusammenarbeit ist für alle Beteiligten überschaubar.

Starte die **Reaktivierung von schlafenden Kunden** spätestens im **letzten Drittel des aktuellen Engagements**. Dir bleibt so ausreichend Zeit für die Akquise. Außerdem merken Kunden auf Basis Deiner Verfügbarkeit und Schilderungen, dass Du aktuell gefragt bist und nicht aus der Not heraus anfragst.

1. **Auswählen**: Ermittle Akteure, von denen Du in den letzten 12 Monaten nicht beauftragt wurdest. Bestimme die A-Kunden mit hohem Bestellvolumen.
2. **Anklopfen**: Kontaktiere die ehemaligen A-Kunden über ihren präferierten Kommunikationskanal. Bringe ein Aufhängerthema und offene Fragen mit.
3. **Auswerten**: Gehe durch die Liste der kontaktierten Exkunden und mache eine Bestandsaufnahme. Lerne aus den (ausbleibenden) Rückmeldungen.

Gerade **kleine und mittelständische Kunden** benötigen nicht ständig Beratungsunterstützung. Durch Deine Kontaktaufnahme bist Du wieder auf dem **Radar Deines Exklienten**. Taucht ein Problem auf, bei dem Du helfen könntest, wird sich der Kunde zuerst an Dich erinnern.

Mit welchen **Themen** kommst Du mit Exkunden wieder ins Gespräch? Über welche **Kanäle** erreichst Du diese? Am besten Du setzt die **Ansprache von guten Exkunden** auf **Wiedervorlage**. So bleibt Eure Beziehung warm, statt auf null Grad abzusinken.

Akquise Hack #100: Trenne Dich von leidigen Kunden

Schon wieder erscheint Herr Schrang nicht zum zugesagten Arbeitstermin. Das war das dritte Mal diese Woche. Mein Problem: Ich arbeite per Werkvertrage und schulde Herrn Schrang damit ein Ergebnis. Die Tage rinnen dahin und wir kommen nicht weiter. Beratungszeit ist Lebenszeit. Das wird mein letztes Engagement in dieser Abteilung.

Gib unliebsamen Kunden den Laufpass

Unliebsame Beratungskunden generieren Dir **unbezahlten Mehraufwand**, vergüten Dich unangemessen und behandeln Dich abwertend. Darüber hinaus halten sie Dich von **profitablen Engagements** bei **Wunschkunden** ab. Erkenne einen **schlechten Kunden** u.a. an…

- der kurzfristigen **Absage oder Nicht-Präsenz** vereinbarter Arbeitstreffen,
- dem **Mikro-Management** Deiner Leistungserbringung,
- der schleichenden **Ausweitung Deines Arbeitsumfangs**,
- dem **Kontakt zu Unzeiten** per Telefon oder Videocall,
- der **stetigen Änderung** von Zielen, Anforderungen und Rahmenkriterien,
- der **fehlenden Mitwirkung** zum Projektfortschritt bzw.
- dem **Ausbleiben der Beistellung** notwendigen Inputs.

Beratung ist ein **arbeitsteiliges Unterfangen**. Wirkt der Kunde kaum oder überhaupt nicht mit bzw. beeinträchtig negativ Dein Vorankommen, so strahlt das negativ auf Dich ab. Dein professioneller Ruf leidet. Deine Motivation nähert sich dem Tiefpunkt. Einzig die Vergütung kuriert etwas die Schmerzen.

Das Kundenverhalten lässt sich nicht ändern. Kannst Du eine **Projektpause** finanziell verkraften oder bieten sich direkt **Ersatzengagements**, solltest Du die Reisleine ziehen und den Kunden und sein Projekt bei der nächsten Möglichkeit verlassen. Handelt es sich um eine **persönliche Abneigung** zwischen dem Kunden und Dir, schlägst Du alternative Consultants vor. Hingegen lässt Du zwischenmenschlich schwierige Klienten beraterlos zurück.

Welcher Kunde macht Deinen **Beratungsansatz** strubbelig? Kannst Du Eure **Interaktionen** minimieren oder den **Ansprechpartner** wechseln? Nichts hält ewig. Das Leben ist zu kurz für schlechte Kunden.

Akquise Hack #101: Sorge für einen stetigen Auftragsstrom

Oktober 2020. Katerstimmung. Aufgrund der Corona Krise kündigt unser Stammkunde sein Mandat auf. Uns bleiben zwei Monate, bis wir das Projekt verlassen müssen. Unser Problem: Die Akquise-Pipeline ist leer. In den letzten Monaten haben wir Marketing & Vertrieb vernachlässigt.

Mache Akquise zur Deiner ständigen Aufgabe

Kundenschwund ist unausweichlich. Dein **Auftraggeber** wechselt das Themenfeld, geht in den Ruhestand oder verlässt die Firma. **Unternehmen** werden übernommen, richten sich im Angebot neu aus oder melden Insolvenz an. Auch Du verlierst Kunden. Um zukünftig weiter am Markt zu agieren, brauchst Du einen beständigen **Strom an Neukunden**.

Ein Weg Deine **Akquisetätigkeiten** zu disziplinieren ist die **Akquise-Pipeline**. Unterteile dazu Deinen **Akquiseprozess** in diskrete Phasen. Ein Beispiel.

1. **Kundenkontaktdaten & Interesse** erhalten
2. **Erstgespräch** vereinbart & durchgeführt
3. **Zweitgespräch** vereinbart & durchgeführt
4. **Angebot** erstellt & besprochen
5. **Auftrag** erhalten & bestätigt

Ein **potentieller Kunde** wandert von **Stufe zu Stufe** in der Pipeline bis er Dich schließlich beauftragt. Nicht alle Interessenten gelangen bis zur finalen Stufe. Bedarfe ändern sich, ggf. bietet auch ein Wettbewerber einen höheren Nutzen bei attraktiveren Konditionen.

Achte auf zwei Dinge: Einem **beständiger Eingangsstrom** von neuen Kontakten bzw. neuen Beratungsinteressen sowie einem **Kontinuierliches Durchschieben bzw. Entfernen** von Interessenten aus Deiner Pipeline. Durch die Systematik erhältst Du einen Überblick auf Deine **zukünftige Auftragslage**. Bei einer vollen Pipeline nimmst Du Deine Akquisehandlungen zurück. Droht die Leitung auszutrocknen, intensivierst Du hingegen in Marketing und Vertrieb.

Wie viel Zeit wendest Du pro Woche für die **Kundenakquise** auf? Wie steht es um Deine **Sales Pipeline**? Blocke einen festen **Akquisetermin** im Kalender.

Noch mehr Akquise Hacks

Du hast alle Consulting Akquise Hacks gelesen?

Und die enthaltenen Tipps für Marketing & Vertrieb verprobt?

Du möchtest weitere Hacks für den Gewinn von Neukunden sowie der Bindung von Bestandsklienten?

Kennst Du alle vorgestellten Consulting Akquise Hacks und wendest viele für die Einwerbung neuer Beratungsmandate bereits erfolgreich an, dann ist es an der Zeit für Deinen **nächsten Schritt.**

Blättere zum letzten Kapitel dieses Büchleins. In diesem habe ich **Literatur** mit weiteren Tipps für die B2B Akquise aufgelistet. Weiteres für die **Consulting Akquise** relevantes Knowhow und Material findest Du auf meiner Webseite:

Consulting-LIFE.de/category/Marketing-und-Vertrieb

Die Seite bietet Dir zudem einen großen Fundus von **Umsetzungstipps,** **Literaturempfehlungen** und **Expertenwissen** für erfolgreiches Consulting. Aus der Praxis, für die Praxis.

P. S.: Du benötigst **Methoden & Tools** für alle **Consulting Akquisephasen?** Dann kann ich Dir meine Bücher **Consulting Akquise Toolbox, Das perfekte Beratungsangebot** sowie **Der Consulting Tagessatz** ans Herz legen. In allen drei Ratgebern findest Du direkt umsetzbares **Knowhow** für Deinen **Akquiseerfolg** als Unternehmensberater.

Der Consultant hinter diesem Buch

Wer steckt eigentlich hinter den **Consulting Akquise Hacks**?

Danke für Dein Interesse an der Person hinter diesem Buch. Ich bin **Christopher Schulz**. Seit 2019 bin ich **Geschäftsführer** einer **Unternehmensberatung** für die perfekte **Ausrichtung von Business & IT** mit Sitz bei München.

In meinen 15 Jahren als Unternehmensberater habe ich **über 70 Consulting Projekte bei mehr als 30 Kundenunternehmen** akquiriert, zunächst reaktiv in Form von Angeboten, später dann proaktiv mittels Inbound & Outbound Marketing- und Vertriebsmaßnahmen. Über die Zeit habe ich **über 100 internationale Bücher zur Akquise** im Consulting und B2B gelesen und die enthaltenen Modelle und Ansätze in der Praxis verprobt.

Neben meiner Beratungstätigkeit publiziere ich regelmäßig für **Fachmagazine und Konferenzen**. Seit 2015 schreibe ich auf meinem **Blog Consulting-LIFE.de** mit dem ich mein Marketing- & Vertriebswissen in der Beratungsbranche weitergebe. Last but not least bin ich glücklich verheiratet und Vater von zwei großartigen Kindern.

Rezension schreiben und Freiexemplar sichern

Was hältst Du von diesem Buch? Schreibe Deine Antworten als **ehrliche Rezension** und sichere Dir einen meiner weiteren Ratgeber. **Kostenfrei.**

So geht's: Rezensiere dieses Buch auf **Amazon** (siehe Consulting-LIFE.de/Consulting-Akquise-Hacks). Sende mir einen Screenshot der **Rezension** an info@Consulting-LIFE.de. Du erhältst **ein weiteres Buch**!

Gerne auch **Fehler** in Inhalt, Rechtschreibung und Ausdruck direkt per E-Mail. Hilf mir besser zu werden und erhalte kostenfrei einen Ratgeber.

Vielen Dank an die Akquiseberater

Akquise in der Beratung ist eine **Teamleistung**. Speziell Neukunden beeindruckt ein Aufgebot an vielfältig bewanderten Wissensarbeitern.

Beim Schreiben dieses Buches bat ich nachstehende **Consultants** um ihren **wertvollsten Consulting Akquise Hack**. Allen Personen danke ich für ihren Impuls. Zusammen kommen wir auf > **3.000 gewonnene Beratungsmandate**.

Simon Blake

Mario Carla

Prof. Thomas Deelmann

Frank Dürrbeck

René Falk

Dr. Gabrielle Haller

Jens Hollmann

Stephan Köhnecke

Lisa-Maria Mair

Nordön Pema

Dr. York Rössler

Dr. Sascha Roth

Alexander Schulz

Joachim Stängle

Lesetipps

Du möchtest Deine **Consulting Akquisefähigkeiten** verfeinern? Beim Schreiben dieses Ratgebers inspirierten mich nachfolgende **Bücher & Webseiten**. Finde eine **Rezension** auf **Consulting-LIFE.de** für alle unterstrichenen Quellen.

- Brent Adamson, Matthew Dixon, Pat Spenner, Nick Toman: *The Challenger Customer*, Portfolio Penguin, 2015

- Greg Alexander: *The Boutique*, Advantage Media Group, 2020

- BDU: *Der Deutsche Consulting Markt in Zahlen*, 2021

- Tilo Bonow: *Light your Fire!*, BusinessVillage, 2021

- Robert B. Cialdini: *Die Psychologie des Überzeugens*, hogrefe, 2017

- Thomas Deelmann: *Die Berater-Republik*, FinanzBuch Verlag, 2023

- Pritu Detemple: *Neues Denken im Vertrieb*, BusinessVillage, 2021

- Allan Dib: *The 1-Page Marketing Plan*, Successwise, 2016

- David A Fields: *Irresistible Consultant's Guide to Winning Clients*, Morgan James Publishing, 2017

- Claudia Fochler: *Marketing & Vertrieb für IT-Consultants*, Dr. Fochler & Company GmbH, 2014

- Ehrenfried Conta Gromberg, Brigitte Conta Gromberg: *Business Model Produkt-Treppe*, Smart Business Concepts, 2021

- Stephan Heinrich: *Akquise@B2B*, Springer Gabler, 2020

- Roland Heuermann, Falk Herrmann: *Unternehmensberatung*, Vahlen, 2023

- Andreas Hoffmann: *Leise Menschen verkaufen anders*, Eigenverlag, 2023

- Joel Kaczmarek, Gero Decker: *The Art of Sales*, Podcast, 2023

- Ingo Kett: *Relationship Sells*, Erich Schmidt Verlag, 2019

- David H. Maister, Charles H. Green, Robert M. Galford: *The Trusted Advisor*, Free Press, 2021

- Tom McMakin, Doug Fletcher: *How Clients Buy*, Wiley, 2018

- Stefan Merath: *Der Weg zum erfolgreichen Unternehmer*, GABAL, 2021

- Mike Michalowicz: *Profit First*, Barbara Budrich, 2020

- Richard Newton: *The Freelance Consultant*, FT Publishing, 2021

- Maik Pfingsten: *Productized Service*, tredition, 2019

- Neil Rackham: *SPIN Selling*, Mcgraw-Hill, 1988

- Edgar Schein: *Humble Consulting*, Carl-Auer Verlag, 2017

- Thomas Stoklossa: *Die KundenHerzGewinner*, BusinessVillage, 2021

- Alan Weiss: *Million Dollar Consulting*, McGraw-Hill Education, 2021

- Giso Weyand: *Das neue Sog-Prinzip*, Haufe, 2017

- Michael Zipursky: *Consulting Success*, Consulting Success, 2018

Du möchtest mehr Akquisebücher? Regelmäßig stelle ich relevante **Business Literatur** unter **Consulting-LIFE.de/Blog** vor. Zudem kannst Du meine Consulting **Lesetipps** auf **Consulting-LIFE.de/Lesetipps** abonnieren.